Angelika Landmann

Türkisch
Kurzgrammatik

Angelika Landmann

Türkisch
Kurzgrammatik

2009

Harrassowitz Verlag · Wiesbaden

Bibliografische Information der Deutschen Nationalbibliothek
Die Deutsche Nationalbibliothek verzeichnet diese Publikation in der Deutschen
Nationalbibliografie; detaillierte bibliografische Daten sind im Internet
über http://dnb.d-nb.de abrufbar.

Bibliographic information published by the Deutsche Nationalbibliothek
The Deutsche Nationalbibliothek lists this publication in the Deutsche
Nationalbibliografie; detailed bibliographic data are available in the internet
at http://dnb.d-nb.de.

Informationen zum Verlagsprogramm finden Sie unter
http://www.harrassowitz-verlag.de

Gedruckt auf alterungsbeständigem Papier.
Umschlag: Julia Guthmüller
Druck und Verarbeitung: Hubert & Co., Göttingen
Printed in Germany
ISBN 978-3-447-06061-5

Annemarie von Gabain
„Maryam apa"
in dankbarer Erinnerung

Inhaltsverzeichnis

Vorwort

Die vorliegende Grammatik des Türkischen enthält die Essenz meines beim selben Verlag erschienenen Buches „Türkisch. Grammatisches Lehrbuch für Anfänger und Fortgeschrittene" und ist auf wiederholt geäußerten Wunsch von Studierenden, vor allem türkischen Muttersprachlern, am Heidelberger Seminar für Sprachen und Kulturen des Vorderen Orients entstanden.

Die wichtigsten Grundlagen der türkischen Grammatik werden in knapper, übersichtlicher Form und in leicht verständlicher Weise erläutert und anhand von Tabellen und Beispielen veranschaulicht. Sie sind systematisch nach grammatischen Kategorien geordnet und mit über das Lehrbuch hinausgehenden Details versehen.

Damit richtet sich das Buch einerseits an Personen, die bereits über Kenntnisse des Türkischen verfügen, Muttersprachler wie Nicht-Muttersprachler, andererseits aber auch an linguistisch Interessierte ohne Vorkenntnisse, die sich einen raschen Überblick über die grammatischen Strukturen des Türkischen verschaffen wollen. Darüber hinaus kann es als Nachschlagegrammatik zum Selbststudium wie auch als Ergänzung zum im Unterricht verwendeten Lehrwerk genutzt werden.

Es ist mir eine Freude, das Buch dem Gedenken von Annemarie von Gabain zu widmen, die mich gelehrt hat, bei aller Fülle an Informationen den Blick für das Wesentliche zu behalten.

Heidelberg, im April 2009

Lautlehre

1. Das Alphabet

Schreibung		Aussprache	Beispielwort	
A	a	a	anne	Mutter
B	b	b	baba	Vater
C	c	dsch	cami	Moschee
Ç	ç	tsch	çocuk	Kind
D	d	d	dolap	Schrank
E	e	weites, helles e, fast ä	ev	Haus
F	f	f	film	Film
G	g	g	gömlek	Hemd
	ğ	ähnlich dem Dehnungs-h	oğul	Sohn
H	h	hörbar auszusprechendes h	bahçe	Garten
I	ı	dumpfes i	kapı	Tür
İ	i	i	ilaç	Medikament
J	j	stimmhaftes sch	plaj	Strand
K	k	k	kitap	Buch
L	l	l	lokanta	Lokal, Gaststätte
M	m	m	masa	Tisch
N	n	n	nehir	Fluss
O	o	offenes o	oda	Zimmer
Ö	ö	offenes ö	öğrenci	Schüler, Student
P	p	p	pencere	Fenster
R	r	Zungen-r	resim	Bild
S	s	stimmloses s	sandalye	Stuhl
Ş	ş	stimmloses sch	şehir	Stadt
T	t	t	taksi	Taxi
U	u	u	uçak	Flugzeug
Ü	ü	ü	müdür	Direktor
V	v	w	vapur	Dampfer
Y	y	deutsches j	yatak	Bett
Z	z	stimmhaftes s	kız	Mädchen, Tochter

Im Türkischen werden alle Wörter **klein geschrieben**, es sei denn, sie stehen am Satzanfang oder es handelt sich um Eigennamen.

Die **Betonung** innerhalb eines Wortes liegt nicht grundsätzlich auf einer bestimmten Silbe; anders als im Deutschen werden die Endsilben jedoch nicht verschluckt. Bestehende Betonungsregeln werden an der entsprechenden Stelle behandelt.

2. Vokalharmonie

Ein Hauptmerkmal des Türkischen ist die sog. **Vokalharmonie**. Sie besagt, dass ein Wort entweder nur helle bzw. vordere oder nur dunkle bzw. hintere Vokale besitzt. Wird diese Regel nicht eingehalten, handelt es sich, von wenigen Ausnahmen abgesehen, um Fremdwörter.

> Helle Vokale sind: **e, i, ö, ü,**
> dunkle Vokale sind: **a, ı, o, u**.

3. Suffixbildung

Das zweite Hauptmerkmal ist die Tatsache, dass das Türkische als sog. agglutinierende Sprache seine grammatischen Funktionen durch angehängte Silben, sog. **Suffixe**, ausdrückt. Entsprechend dem Gesetz der Vokalharmonie erhält ein Wort mit hellen Vokalen nur Suffixe mit ebenfalls hellen Vokalen, und ein Wort mit dunklen Vokalen nur Suffixe mit ebenfalls dunklen Vokalen. Dabei richtet sich der Vokal des Suffixes in den meisten Fällen nach dem Vokal der unmittelbar vorangehenden Silbe. Insgesamt sind folgende vier Grundregeln zu beachten:

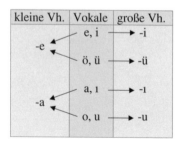

kleine Vh.	Vokale	große Vh.
-e	e, i	-i
	ö, ü	-ü
-a	a, ı	-ı
	o, u	-u

1. Ein Suffix, das der **kleinen Vokalharmonie** unterliegt, erhält

nach e, i, ö, ü den Vokal **e**,
nach a, ı, o, u den Vokal **a**:

| ev-**de** | im Hause, zu Hause | doktor-**da** | beim Arzt |

2. Ein Suffix, das der **großen Vokalharmonie** unterliegt, erhält

nach e oder i den Vokal **i**,
nach ö oder ü den Vokal **ü**,
nach a oder ı den Vokal **ı**,
nach o oder u den Vokal **u**:

| ev-**imiz** | unser Haus | arkadaş-**ımız** | unser Freund |
| müdür-**ümüz** | unser Direktor | doktor-**umuz** | unser Arzt |

Trägt also im folgenden ein Suffix den Vokal **e**, ist dies als Hinweis auf die kleine Vokalharmonie zu verstehen; demgegenüber weist ein Suffix, das den Vokal **i** trägt, auf die große Vokalharmonie.

3. Die stimmhaften Konsonanten **c** und **d** am Beginn eines Suffixes werden immer dann zu **ç** bzw. zu **t** „entstimmt", wenn die vorangehende Silbe selbst auf einen stimmlosen Konsonanten endet. Stimmlose Konsonanten sind **ç, f, h, k, p, s, ş, t**; sie sind alle in dem Merkspruch **Fuat Paşa çok hasta** *Fuat Pascha (ist) sehr krank* enthalten:

| kitap-**çı** | Buchhändler | kitap-**ta** | im Buch |

4. Zahlreiche mehrsilbige Substantive auf **k** oder **p**, Substantive auf **ç** sowie eine Anzahl von Substantiven auf **t** „sonorisieren" ihren Endkonsonanten zu **ğ, b, c** bzw. **d**, wenn ein Suffix anschließt, das mit Vokal beginnt. In den Wörterbüchern sind sie mit einem besonderen Hinweis versehen (vgl. hierzu die Auflistung im Anhang, S. 108):

| çocu**k** (-ğu) | Kind | çocu**ğ**-umuz | unser Kind |
| kita**p** (-bı) | Buch | kita**b**-ımız | unser Buch |

Diese Lautgesetze durchziehen die gesamte türkische Grammatik. Mit ihrer Kenntnis genügt es meist, eine einzige Form in ihrer Zusammensetzung zu kennen, um die jeweils geltenden Regeln abzuleiten und selbständig alle übrigen Formen zu bilden. Sie sollen im Folgenden als bekannt vorausgesetzt werden.

Des Weiteren gilt:
Bei Fremdwörtern, die in ihrer Schreibung nicht den türkischen Klangvorstellungen angepasst wurden, ist dennoch der Klang des Wortes für das jeweilige Suffix entscheidend. Darüber hinaus wird bei Eigennamen das Suffix nicht unmittelbar angefügt, sondern durch einen Apostroph abgesetzt:

| Hamburg'ta (Hamburk'ta) | in Hamburg |
| Mannheim'da (Manhaym'da) | in Mannheim |

Allgemein wird beim Anfügen von Suffixen das Aufeinandertreffen von Vokalen vermieden. Es wird entweder ein Bindekonsonant – meist ein **y** – eingeschoben:

| bahçe-**y**-e | in den Garten | oda-**y**-a | ins Zimmer |

Oder aber es entfällt der Anfangsvokal des Suffixes:

| bahçe-**miz** | unser Garten | oda-**mız** | unser Zimmer |

Viele der im folgenden wie auch im Anhang (S. 101) wiedergegebenen Suffixe beginnen daher mit einem in Klammern gesetzten Anfangsbuchstaben.

Schließlich gibt es noch eine Reihe zweisilbiger, konsonantisch auslautender Substantive, die den Vokal ihrer zweiten Silbe verliert, wenn das sich anschließende Suffix mit einem Vokal beginnt. Da einem Substantiv diese Eigenschaft nicht ohne Weiteres anzusehen ist, erhalten auch sie in den Wörterbüchern einen besonderen Hinweis (vgl. hierzu die Auflistung im Anhang, S. 105):

o**ğul** (-ğlu)	Sohn	oğl-umuz	unser Sohn
res**im** (-smi)	Bild	resm-imiz	unser Bild
şe**hir** (-hri)	Stadt	şehr-imiz	unsere Stadt

I. Das Substantiv

1. Die Grundform des Substantivs

Das türkische Substantiv hat keinen bestimmten Artikel; es unterscheidet auch nicht zwischen männlich, weiblich und sächlich. In seiner Grundform hat es die Funktion eines sog. Kasus indefinitus und kann sowohl einen Singular wie auch einen Plural beinhalten. Gleichzeitig dient es auch als Subjektkasus, d.h. als Nominativ Singular:

öğrenci	bedeutet demnach *Schüler/Schülerin, Schüler/Schülerinnen* wie auch *der Schüler/die Schülerin.*

Das Demonstrativpronomen *dieser, diese, dieses* lautet **bu**:

bu öğrenci	bedeutet *dieser Schüler/diese Schülerin.*

Das Zahlwort **bir** *eins* dient auch als unbestimmter Artikel:

bir öğrenci	bedeutet *ein Schüler/eine Schülerin.*

Nach Mengenangaben bleibt das Substantiv meist in seiner Grundform:

üç öğrenci	bedeutet *drei Schüler/drei Schülerinnen.*

Substantiv	Plural	Possessive	Kasus	
ev	-ler		---	Nominativ
bahçe			-(n)in	Genitiv
öğretmen			-(y)e	Dativ
öğrenci			-(y)i	Akkusativ
			-de	Lokativ
			-den	Ablativ

2. Der Plural

Der Plural wird im Türkischen durch ein Suffix wiedergegeben, das **-ler** lautet. Gegenüber dem Grundbegriff wird es verwendet, um die Mehrzahl von Einzelpersonen oder -dingen zu bezeichnen:

ev**ler**	Häuser	bahçe**ler**	Gärten
müdür**ler**	Direktoren	enstitü**ler**	Institute
arkadaş**lar**	Freunde	oda**lar**	Zimmer
doktor**lar**	Ärzte	büro**lar**	Büros

Bu çocuklar öğrenci.	Diese Kinder sind Schüler.
Öğrenciler çalışkan.	Die Schüler sind fleißig.

3. Der Genitiv

Der Genitiv antwortet auf die Frage *wessen*. Das türkische Genitivsuffix lautet **-(n)in**. Lediglich das Wort **su** *Wasser* erhält den Bindekonsonanten **y**: **suyun** *des Wassers*:

ev**in**	des Hauses	bahçe**nin**	des Gartens
müdür**ün**	des Direktors	enstitü**nün**	des Instituts
arkadaş**ın**	des Freundes	oda**nın**	des Zimmers
doktor**un**	des Arztes	büro**nun**	des Büros

Der Genitiv tritt vor allem im Zusammenhang mit dem Possessiv der 3. Person auf (vgl. S. 14):

öğrencinin kitabı	das Buch des Schülers

Daneben dient er als Prädikatsnomen, um das *gehören* zum Ausdruck zu bringen; eine Kopula ist entbehrlich (vgl. S. 34):

Bu kitap kimin?	Wessen ist dieses Buch = wem gehört dieses Buch?
Öğrencinin.	Es ist des Schülers = es gehört dem Schüler.

4. Der Dativ

Der Dativ antwortet im Türkischen auf die Fragen *wem*, *zu wem*, *wohin* wie auch auf die Fragen *wozu* und zeitlich *bis wann* (vgl. S. 32). Das Dativsuffix lautet **-(y)e**:

ev**e**	nach Hause	bahçe**ye**	in den Garten
müdür**e**	(zu) dem Direktor	enstitü**ye**	ins Institut
arkadaş**a**	(zu) dem Freund	oda**ya**	ins Zimmer
doktor**a**	(zu) dem Arzt	büro**ya**	ins Büro

Kime yazıyorsun?	Wem schreibst du?
Öğretmene yazıyorum.	Ich schreibe dem Lehrer.

Nereye gidiyorsun?	Wohin gehst du?
Bahçeye gidiyorum.	Ich gehe in den Garten.

5. Der Akkusativ

Der Akkusativ antwortet auf die Fragen *wen*, *was*. Er wird im Türkischen nur dann verwendet, wenn ein bestimmtes Objekt bezeichnet werden soll. Das Akkusativsuffix lautet **-(y)i**:

ev**i**	das Haus	bahçe**yi**	den Garten
müdür**ü**	den Direktor	enstitü**yü**	das Institut
arkadaş**ı**	den Freund	oda**yı**	das Zimmer
doktor**u**	den Arzt	büro**yu**	das Büro

Kimi bekliyorsun?	Auf wen wartest du?
Arkadaşları bekliyorum.	Ich warte auf die Freunde.

Ist das Objekt dagegen unbestimmt, bleibt es in seiner Grundform.

Ne arıyorsun?	Was suchst du?
Bir oda arıyorum.	Ich suche ein Zimmer.

6. Der Lokativ

Der Lokativ antwortet auf die Fragen *bei wem* und *wo* sowie zeitlich *wann* und wird im Deutschen durch die Präpositionen *in, an, auf, bei* und *um* (vgl. S. 26) ausgedrückt. Das Lokativsuffix lautet **-de**:

ev**de**	im Hause, zu Hause	bahçe**de**	im Garten
müdür**de**	beim Direktor	enstitü**de**	im Institut
arkadaş**ta**	bei dem Freund	oda**da**	im Zimmer
doktor**da**	beim Arzt	büro**da**	im Büro

Hasan kimde?	Bei wem ist Hasan?
Doktorda.	Beim Arzt.

Hasan nerede?	Wo ist Hasan?
Büroda.	Im Büro.

7. Der Ablativ

Der Ablativ antwortet auf die Fragen *von wem, woher, woraus, wodurch, weshalb* sowie zeitlich *von wann* (vgl. S. 32). Das Ablativsuffix lautet **-den**:

ev**den**	aus dem Hause	bahçe**den**	aus dem Garten
müdür**den**	vom Direktor	enstitü**den**	aus dem Institut
arkadaş**tan**	von dem Freund	oda**dan**	aus dem Zimmer
doktor**dan**	vom Arzt	büro**dan**	aus dem Büro

Kimden söz ediyorsunuz?	Von wem sprecht ihr?
Müdürden söz ediyoruz.	Wir sprechen vom Direktor.

Nereden geliyorsunuz?	Woher kommt ihr?
Enstitüden geliyoruz.	Wir kommen aus dem Institut.

Hasan neden bir şey söylemiyor?	Weshalb sagt Hasan nichts?
Korkudan.	Aus Furcht.

Kedi pencereden odaya girmiş.	Die Katze ist wohl durchs Fenster ins Zimmer hereingekommen.

8. Die Possessivsuffixe der 1. und 2. Personen

Auch die Possessive werden im Türkischen durch Suffixe wiedergegeben. Hierbei entfällt jeweils der Anfangsvokal des Suffixes, wenn das vorausgehende Substantiv auf Vokal endet. Lediglich **su** *Wasser* erhält den Bindekonsonanten **y**: **suyumuz** *unser Wasser*:

Substantiv	Plural	Possessive		Kasus	
ev	-ler	**-(i)m**	mein	---	Nominativ
bahçe		**-(i)n**	dein	-(n)in	Genitiv
öğretmen			sein/ihr	-(y)e	Dativ
öğrenci		**-(i)miz**	unser	-(y)i	Akkusativ
		-(i)niz	euer/Ihr	-de	Lokativ
			ihr	-den	Ablativ

ev**im**	mein Haus	bahçe**m**	mein Garten
ev**in**	dein Haus	bahçe**n**	dein Garten
ev**imiz**	unser Haus	bahçe**miz**	unser Garten
ev**iniz**	euer/Ihr Haus	bahçe**niz**	euer Garten

müdür**üm**	mein Direktor	enstitü**m**	mein Institut
müdür**ün**	dein Direktor	enstitü**n**	dein Institut
müdür**ümüz**	unser Direktor	enstitü**müz**	unser Institut
müdür**ünüz**	euer/Ihr Direktor	enstitü**nüz**	euer/Ihr Institut

arkadaş**ım**	mein Freund	oda**m**	mein Zimmer
arkadaş**ın**	dein Freund	oda**n**	dein Zimmer
arkadaş**ımız**	unser Freund	oda**mız**	unser Zimmer
arkadaş**ınız**	euer/Ihr Freund	oda**nız**	euer/Ihr Zimmer

doktor**um**	mein Arzt	büro**m**	mein Büro
doktor**un**	dein Arzt	büro**n**	dein Büro
doktor**umuz**	unser Arzt	büro**muz**	unser Büro
doktor**unuz**	euer/Ihr Arzt	büro**nuz**	euer/Ihr Büro

Bu kitap öğrencimin.	Dieses Buch gehört meinem Schüler.
Öğretmenime yazıyorum.	Ich schreibe meinem Lehrer.
Bahçeme gidiyorum.	Ich gehe in meinen Garten.
Arkadaşlarını bekliyorum.	Ich warte auf deine Freunde.
Odanı arıyorum.	Ich suche dein Zimmer.
Hasan doktorumuzda.	Hasan ist bei unserem Arzt.
Hasan büromuzda.	Hasan ist in unserem Büro.
Müdürünüzden söz ediyoruz.	Wir sprechen von eurem Direktor.
Enstitünüzden geliyoruz.	Wir kommen aus eurem Institut.

Das Türkische besitzt kein Verb, das dem deutschen *haben* entspricht. Um anzuzeigen, dass man etwas hat, das (zu) einem gehört, wird der Possessiv in Verbindung mit **var** *vorhanden* bzw. **yok** *nicht vorhanden* verwendet:

| Kitabın var mı? | Ist dein Buch vorhanden = hast du ein Buch? |
| Kitabım var. | Mein Buch ist vorhanden = ich habe ein Buch. |

Um andererseits auszudrücken, dass man etwas (bei sich) hat, das zu einer anderen Person gehört, wird im Türkischen der Lokativ als Prädikatsnomen eingesetzt. Das Deutsche verwendet diese Ausdrucksweise bei Personen:

| Kızım sende mi? | Ist meine Tochter bei dir? |
| Evet, kızın bende. | Ja, deine Tochter ist bei mir. |

| Kitabım sende mi? | Ist mein Buch bei dir = hast du mein Buch? |
| Evet, kitabın bende. | Ja, dein Buch ist bei mir = ich habe dein Buch. |

Das *bei sich Haben* einer Sache schließlich wird ebenfalls durch den Lokativ, diesmal verbunden mit **var** *vorhanden* bzw. **yok** *nicht vorhanden*, zum Ausdruck gebracht:

| Sende kitap var mı? | Ist bei dir ein Buch vorhanden = hast du ein Buch dabei? |
| Bende kitap yok. | Bei mir ist kein Buch vorhanden = ich habe kein Buch dabei. |

9. Die Possessivsuffixe der 3. Personen

Das Possessivsuffix der 3. Person Singular lautet **-(s)i**, das der 3. Person Plural **-leri**. Nur **su** *Wasser* erhält wieder den Bindekonsonanten **y**: **suyu** *sein/ihr Wasser*:

Substantiv	Plural	Possessive		Kasus	
ev	-ler		mein	---	Nominativ
bahçe			dein	-**n**in	Genitiv
öğretmen		**-(s)i**	sein/ihr	-**n**e	Dativ
öğrenci			unser	-**n**i	Akkusativ
			euer/Ihr	-**n**de	Lokativ
		-leri	ihr	-**n**den	Ablativ

ev**i**	sein/ihr Haus	bahçe**si**	sein/ihr Garten
müdür**ü**	sein/ihr Direktor	enstitü**sü**	sein/ihr Institut
arkadaş**ı**	sein/ihr Freund	oda**sı**	sein/ihr Zimmer
doktor**u**	sein/ihr Arzt	büro**su**	sein/ihr Büro

Da ein Wort das gleiche Suffix nur einmal erhält, kann die Form auf **-leri** drei verschiedene Bedeutungen haben. Häufig erhält jedoch ein Gegenstand, der mehrere Eigentümer hat, nur das Possessivsuffix der 3. Person Singular:

ev-ler-i	seine/ihre Häuser	bahçe-ler-i	seine/ihre Gärten
ev-leri	ihr Haus	bahçe-leri	ihr Garten
ev-~~ler~~-leri	ihre Häuser	bahçe-~~ler~~-leri	ihre Gärten

Folgt auf die Possessivsuffixe der 3. Personen ein Kasussuffix, wird immer ein sog. **pronominales n** eingeschoben:

evi**n**in	seines Hauses	bahçesi**n**in	seines Gartens
evi**n**e	in sein Haus	bahçesi**n**e	in seinen Garten
evi**n**i	sein Haus	bahçesi**n**i	seinen Garten
evi**n**de	in seinem Haus	bahçesi**n**de	in seinem Garten
evi**n**den	aus seinem Haus	bahçesi**n**den	aus seinem Garten

Damit ergeben sich bei Substantiven, die auf Konsonant auslauten, nicht jedoch denjenigen auf Vokal, die gleichen Formen wie beim Possessiv der 2. Person Singular. Die Bedeutung ergibt sich aus dem Zusammenhang:

Hasan öğretmenine yazıyor.	Hasan schreibt seinem Lehrer.
Hasan bahçesine gidiyor.	Hasan geht in seinen Garten.
Hasan arkadaşlarını bekliyor.	Hasan wartet auf seine Freunde.
Hasan odasını arıyor.	Hasan sucht sein Zimmer.
Hasan doktorunda.	Hasan ist bei seinem Arzt.
Hasan bürosunda.	Hasan ist in seinem Büro.
Hasan müdüründen söz ediyor.	Hasan spricht von seinem Direktor.
Hasan enstitüsünden geliyor.	Hasan kommt aus seinem Institut.

10. Die Genitiv-Possessiv-Konstruktion

Soll ein Eigentumsverhältnis zum Ausdruck gebracht werden und ist der Eigentümer eine dritte Person, wird er – wie im Deutschen – in den Genitiv gesetzt. Der Eigentumsgegenstand wird ihm nachgestellt und erhält grundsätzlich das Possessivsuffix der 3. Person:

anne**nin** bahçe**si**	der Garten der Mutter

Subst.	Plural	Poss.	Kasus
anne	-ler	-(i)m	
		-(i)n	**-(n)in**
		-(s)i	
		-(i)miz	
		-(i)niz	
		-leri	

Subst.	Plural	Poss.	Kasus
bahçe	-ler		---
			-nin
		-(s)i	-ne
			-ni
			-nde
		-leri	-nden

Bu kitaplar annem**in** öğrenci**leri**nin.	Diese Bücher gehören den Schülern meiner Mutter.
Oğlum**un** öğretmenine yazıyorum.	Ich schreibe dem Lehrer meines Sohnes.

Komşu**nun** bahçesine gidiyorum.	Ich gehe in den Garten deines Nachbarn.
Çocuklar**ının** arkadaş**ları**nı bekliyorum.	Ich warte auf die Freunde deiner Kinder.
Hasan arkadaşları**nın** odasını arıyor.	Hasan sucht das Zimmer seiner Freunde.
Hasan kız**ının** doktor**un**da.	Hasan ist beim Arzt seiner Tochter.
Hasan müdürümüz**ün** büro**su**nda.	Hasan ist im Büro unseres Direktors.
Arkadaşımız**ın** müdür**ün**den söz ediyoruz.	Wir sprechen vom Direktor unseres Freundes.
Baban**ızın** enstitü**sün**den geliyoruz.	Wir kommen aus dem Institut eures Vaters.

11. Zusammengesetzte Substantive

Demgegenüber werden zusammengesetzte Substantive wie z.B. *Teegarten* durch eine sog. unvollständige Genitiv-Possessiv-Konstruktion wiedergegeben, das heißt, das erste Substantiv bleibt ohne den Genitiv, das zweite jedoch erhält das Possessivsuffix der 3. Person:

| çay bahçe**si** | Teegarten |

| Çay bahçesine gidiyoruz. | Wir gehen in den Teegarten. |

Hat ein solcher Begriff einen individuellen Eigentümer, entfällt das Possessivsuffix des Grundbegriffs zugunsten der im konkreten Fall erforderlichen Possessivendung:

| Çay bahçemize gidiyoruz. | Wir gehen in unseren Teegarten. |

Anders als die Nationalitätsbezeichnungen auf **-li** (vgl. S. 92) sind die selbständig gebildeten Begriffe reine Substantive und können mit einem weiteren Substantiv nur in Form eines zusammengesetzten Substantivs verbunden werden:

| bir Alman ailesi | eine deutsche Familie |
| bir Türk lokantası | ein türkisches Lokal |

II. Das Adjektiv

1. Der Gebrauch des Adjektivs

Das **Adjektiv** kann, wenn es substantivisch gebraucht wird, dekliniert werden:

Küçükler nerede?	Wo sind die Kleinen?

Als Attribut vor ein Substantiv gestellt, bleibt es undekliniert:

Bahçede küçük çocuklar var.	Im Garten sind kleine Kinder.

Im Singular steht der unbestimmte Artikel, der mit dem Zahlwort **bir** *eins* identisch ist, zwischen Adjektiv und Substantiv:

Bahçede **küçük** bir çocuk var.	Im Garten ist ein **kleines** Kind.

Demgegenüber wird **bir** an erster Stelle genannt, wenn es als Zahlwort verstanden werden soll. Dieses Prinzip gilt auch für die übrigen Zahlwörter:

Bahçede **bir** küçük çocuk var.	Im Garten ist (nur) **ein** kleines Kind.
Bahçede **üç** küçük çocuk var.	Im Garten sind **drei** kleine Kinder.

Das Wort **çok** entspricht der Partikel *sehr* wie auch dem Adjektiv *viel(e)*. Als Adjektiv wird es mit einem weiteren Adjektiv durch **ve** *und* verbunden:

Bahçede **çok küçük** çocuklar var.	Im Garten sind **sehr** kleine Kinder.
Bahçede **çok ve küçük** çocuklar var.	Im Garten sind **viele** kleine Kinder.

Das Adjektiv dient auch als Prädikatsnomen sowie in vielen Fällen in unveränderter Form als Adverb:

Bu kitap iyi.	Dieses Buch ist gut.
Türkçeyi iyi biliyorsun.	Du kannst gut Türkisch.

2. Der Komparativ

Um den **Komparativ** zu bilden, stellt man vor das Adjektiv das Wort **daha** *noch (mehr)*:

Mustafa iyi, Hasan **daha iyi.**	Mustafa ist gut, Hasan ist **besser.**

Das vergleichende *als* wird durch den Ablativ des verglichenen Nomens ausgedrückt. Das Wort **daha** ist dann entbehrlich, kann aber als Verstärkung hinzugesetzt werden:

Hasan Mustafa'**dan iyi.**	Hasan ist – von Mustafa aus – gut = Hasan ist **besser als** Mustafa.
Hasan Mustafa'dan **daha** iyi.	Hasan ist **noch** besser als Mustafa.

3. Der Superlativ

Zur Bildung des **Superlativ** stellt man vor das Adjektiv das Wort **en** *am meisten*:

En iyi öğrenci Ahmet.	Der **beste** Schüler ist Ahmet.

4. Intensivformen

Ein Adjektiv kann in seiner Bedeutung durch **çok** *sehr*, gelegentlich auch durch Verdoppelung verstärkt werden

çok iyi	sehr gut	yavaş yavaş	ganz langsam

Daneben gibt es Intensivformen, die dadurch entstehen, dass man die ersten beiden Buchstaben, bei vokalisch anlautenden Adjektiven den Anfangsvokal, verdoppelt und ein **p** oder **m**, seltener auch ein **r** oder **s** einschiebt:

kırmızı	rot	kı**p**kırmızı	feuerrot
yeşil	grün	ye**m**yeşil	grasgrün
temiz	sauber	te**r**temiz	blitzsauber
mavi	blau	ma**s**mavi	strahlend blau

III. Das Adverb

Die Adverbien bilden im Türkischen keine in sich geschlossene Wortklasse. Einerseits werden Substantive und Adjektive adverbial verwendet, andererseits können aber auch Adverbien Deklinationssuffixe erhalten.

Zur Bezeichnung des Ortes verwendet das Türkische die Begriffe **burada** *hier*, **şurada** *da*, **orada** *dort*, **içeride** *drinnen*, **dışarıda** *draußen*, **aşağıda** *unten*, **yukarıda** *oben*, **sağda** *rechts*, **solda** *links*, **bir yerde** *irgendwo/nirgends*, **her yerde** *überall*:

Çocuklarım burada.	Meine Kinder sind hier.

Zur Bezeichnung des Ausgangspunktes bzw. des Ziels einer Bewegung erhalten sie anstelle des Lokativsuffixes das Ablativ- bzw. das Dativsuffix:

Buradan kaleye yol var mı?	Führt von hier ein Weg zur Burg?
Buraya gel!	Komm hierher!

Die wichtigsten Entsprechungen deutscher Temporaladverbien sind **şimdi** *jetzt, gleich*, **hemen** *sofort*, **yakında** *bald*, **demin** *vorhin*, **geçenlerde** *kürzlich*, **evvelki gün** *vorgestern*, **dün** *gestern*, **bugün** *heute*, **yarın** *morgen*, **obür gün** *übermorgen*, **bir zaman** *irgendwann/niemals*, **o zaman** *damals/dann*, **her zaman** *jederzeit*, **uzun zaman** *lange*, **çok defa** *oft*, **arada sırada** *ab und zu*:

Hasan şimdi gelir.	Hasan kommt jetzt/gleich.
Hasan şimdiye kadar gelmedi.	Hasan ist bis jetzt nicht gekommen.

Als Modaladverbien dienen **belki** *vielleicht*, **memnuniyetle** *gerne, mit Vergnügen*, **böyle, şöyle, öyle** *so*, **maalesef** *leider*, **boşuna** *vergebens* sowie fast alle beschreibenden Adjektive (zur Gruppe der Verbaladverbien s. S. 80 ff.).

IV. Pronomina

1. Personalpronomina

Die türkischen Personalpronomina lauten:

ben	ich	sen	du	o	er, sie, es
biz	wir	siz	ihr, Sie	onlar	sie

Im Nominativ werden sie relativ selten verwendet, da das Subjekt eines Satzes bei den 1. und 2. Personen im Prädikat bereits enthalten ist. Sie können jedoch zur Verstärkung zusätzlich an den Satzanfang gestellt werden:

Neredesin?	Wo bist du?
Evdeyim.	Ich bin zu Hause.
Ben evdeyim, **sen** neredesin?	**Ich** bin zu Hause, (und) wo bist **du**?

Die Deklination ist – von wenigen Ausnahmen abgesehen – regelmäßig. Das Personalpronomen der 3. Person erhält immer das **pronominale n**, bevor ein Suffix anschließt:

ben	ich	sen	du	o	er, sie, es
benim	meiner	senin	deiner	onun	seiner, ihrer
bana	mir	sana	dir	ona	ihm, ihr
beni	mich	seni	dich	onu	ihn, sie, es
bende	bei mir	sende	bei dir	onda	bei ihm/ihr
benden	von mir	senden	von dir	ondan	von ihm/ihr

biz	wir	siz	ihr, Sie	onlar	sie
bizim	unser	sizin	euer, Ihrer	onların	ihrer
bize	uns	size	euch, Ihnen	onlara	ihnen
bizi	uns	sizi	euch, Sie	onları	sie
bizde	bei uns	sizde	bei euch/Ihnen	onlarda	bei ihnen
bizden	von uns	sizden	von euch/Ihnen	onlardan	von ihnen

Ein *es* als formales Subjekt verwendet das Türkische nicht:

Hava karardı.	Die Luft ist dunkel geworden = **es** ist dunkel geworden.

2. Possessivpronomina

Die Genitive der Personalpronomina können als Possessivpronomina verstanden werden. Da das Türkische jedoch den Gebrauch der Possessivsuffixe bevorzugt, werden die Personalpronomina im Genitiv nur zur Verstärkung zusätzlich eingesetzt:

Bisiklet**im** nerede?	Wo ist mein Fahrrad?
Benim bisiklet**im** nerede?	(Und) wo ist **mein** Fahrrad?

3. Demonstrativpronomina

Das Türkische besitzt drei Demonstrativpronomina, die mit den Personalpronomina korrespondieren:

bu	dieser, diese, dieses	(räumlich und zeitlich in unmittelbarer Nähe)
şu	der da, die da, das da der, die, das folgende	(räumlich etwas entfernt, aber noch sichtbar) (zeitlich unmittelbar anschließend)
o	jener, jene, jenes	(allgemein, sowie räumlich und zeitlich weit entfernt).

Werden sie wie Substantive dekliniert, erhalten sie ebenso wie das Personalpronomen der 3. Person Singular das **pronominale n**, bevor ein Suffix anschließt:

Bu**nu** bilmiyorum.	Das weiß ich nicht.
Şu**na** bak!	(Jetzt) sieh' dir das an!
O**nu** beklememiştim.	Das hatte ich nicht erwartet.

Attributiv vor ein Substantiv gestellt, bleiben auch sie undekliniert:

Bu çocuklar öğrenci.	Diese Kinder sind Schüler.

4. Indefinitpronomina

Anstelle des deutschen Indefinitpronomens *man* verwendet das Türkische das Aktiv in der 3. Person Plural oder das Passiv in der 3. Person Singular:

Ali'nin evleneceğini söylüyorlar.	Sie sagen, dass Ali heiraten wird = man sagt, dass Ali heiraten wird.
Bu nasıl yapılır?	Wie wird das gemacht = wie macht man das?

Im Übrigen kennt das Türkische keinen Unterschied zwischen bejahten und verneinten Indefinitpronomina, da Bejahung wie Verneinung eines türkischen Satzes innerhalb des Prädikats erfolgen. **Kimse** *wer es auch sei* kann danach sowohl *jemand* wie auch *niemand*, **bir şey** *eine Sache* sowohl *etwas* wie auch *nichts* bedeuten:

Turist misiniz?	Sind Sie (**ein**) Tourist?
Turist değilim.	Ich bin **kein** Tourist.

Kimse geldi mi?	Ist **jemand** gekommen?
Kimse gelmedi.	Es ist **niemand** gekommen.

Televizyonda bir şey var mı?	Gibt es im Fernsehen **etwas**?
Televizyonda bir şey yok.	Im Fernsehen gibt es **nichts.**

5. Das Reflexivpronomen

Das deutsche Reflexivpronomen *selbst* ist im Türkischen ein Substantiv: **kendi** *das Selbst*. Die Personenbezeichnungen werden durch die Possessivsuffixe ausgedrückt:

kendim	ich selbst	kendimiz	wir selbst
kendin	du selbst	kendiniz	ihr/Sie selbst
kendi/kendisi	er/sie selbst	kendileri	sie selbst

Mektubu kendim yazdım.	Ich habe den Brief selbst geschrieben.
Kendime yeni bir bisiklet aldım.	**Ich** habe **mir** ein neues Fahrrad gekauft.

In diesem Kontext bleibt **kendi** in der dritten Person ohne Possessivsuffix. Bei der Deklination erhält es dennoch das **pronominale n**, bevor ein Kasussuffix anschließt:

Mustafa mektubu kendi yazdı.	Mustafa hat den Brief selbst geschrieben.
Kendine yeni bir bisiklet aldı.	**Er** hat **sich** ein neues Fahrrad gekauft.

Demgegenüber wird die Form **kendisi** häufig anstelle des Personalpronomens der 3. Person Singular verwendet:

Mustafa'yı tanıyor musun?	Kennst du Mustafa?
Kendisi Berlin'de oturuyor.	**Er** wohnt in Berlin.
Kendisine yeni bir bisiklet aldım.	**Ich** habe **ihm** ein neues Fahrrad gekauft.

Attributiv und damit nicht mehr deklinierbar vor ein Substantiv mit Possessivsuffix gestellt, entspricht **kendi** dem Deutschen *eigen*:

Kendi bisikletim var.	Ich habe selbst ein Fahrrad = ich habe (m)ein eigenes Fahrrad.
Kendi evimizde oturuyoruz.	Wir wohnen in unserem eigenen Haus.

Stellt man das attributive **kendi** vor das Substantiv **kendi** mit Possessiv- und Dativsuffix, entsteht die Bedeutung *von sich aus*:

Kendi kendimize Türkçe öğrendik.	Wir haben für unser eigenes Selbst Türkisch gelernt = wir haben von uns aus Türkisch gelernt.

Demgegenüber bedeutet das Substantiv **kendilik** mit Possessiv- und Ablativsuffix *aus sich selbst heraus, von ganz alleine (ohne etwas dafür zu tun)*:

Kendiliğimizden Türkçe öğrendik.	Wir haben von ganz alleine Türkisch gelernt.

6. Das reziproke Pronomen

Das türkische reziproke Pronomen lautet **birbir**. Die Personenbezeichnungen erhält es durch Anfügung der Possessivsuffixe:

birbirimiz	wir einander
birbiriniz	ihr/Sie einander
birbiri/birbirleri	sie einander

Die Deklination ist regelmäßig:

Birbirimize yardım ediyoruz.	Wir helfen einander.
Birbirinizi tanıyorsunuz, değil mi?	Ihr kennt einander, nicht wahr?
Bu iki kardeş birbirine çok benziyor.	Diese beiden Brüder sehen einander sehr ähnlich.
Çocuklar birbirlerinden çekiniyorlar.	Die Kinder genieren sich voreinander.

7. Interrogativpronomina

Die wichtigsten Interrogativpronomina sind **kim** *wer*, **ne** *was*, **kaç** *wie viele* und **hangi** (attr.)/ **hangisi** (subst.) *welcher*.
Kim wird regelmäßig dekliniert: **kimin** *wessen*, **kime** *wem*, **kimi** *wen*, **kimde** *bei wem*, **kimden** *von wem*, **kimler** *wer alles*.
Auf **ne** basieren **neler** *was alles*, **nece** *welche Sprache*, **neci** *was von Beruf*, **niye** und **neye** *wozu*, **neden** *weshalb*, **niçin** (ne için) *warum*, **nasıl** (ne asıl) *wie (geartet)*, **ne kadar** *wie viel, wie sehr*, **ne zaman** *wann*, **nereye** *wohin*, **nerede** *wo*, **nereden** *woher*, **neresi** *welcher Bereich*.
Ableitungen von **kaç** sind **kaça** *zu welchem Preis*, **kaçıncı** *der wievielte* und **kaçar** *je wie viele*.

Die Wortfolge ist im Türkischen bei Fragesätzen und Aussagesätzen die gleiche, d.h. das Fragepronomen steht nicht – wie im Deutschen – grundsätzlich am Satzanfang; es erhält jedoch die **Betonung** innerhalb eines Satzes:

Bu adam komşumuz.	Dieser Mann ist unser Nachbar.
Bu adam **kim**?	**Wer** ist dieser Mann?

| Ahmet iyi bir insan. | Ahmet ist ein guter Mensch. |
| Ahmet **nasıl** bir insan? | **Was für** ein Mensch ist Ahmet? |

| Çocuklar evde. | Die Kinder sind zu Hause. |
| Çocuklar **nerede**? | **Wo** sind die Kinder? |

| Otobüste otuz kişi var. | Im Bus sind dreißig Personen. |
| Otobüste **kaç** kişi var? | **Wie viele** Personen sind im Bus? |

8. Die Fragepartikel **mi**

Für Fragen, die mit *ja* oder *nein* beantwortet werden, verwendet das Türkische eine sog. Fragepartikel **mi, mü, mı** oder **mu**, mit deren Hilfe jeder Aussagesatz zu einem Fragesatz wird. Obwohl sie der Vokalharmonie unterliegt, wird sie bei der Schreibung nicht an das vorausgehende Wort angefügt. Innerhalb eines Satzes hat sie zudem keinen festen Platz; sie wird stets hinter das Wort gestellt, auf dem das Gewicht der Frage liegt. Gleichzeitig zieht sie die **Betonung** auf die ihr unmittelbar vorausgehende Silbe:

Saat birde yemek **vár mı**?	**Gibt es** um ein Uhr Essen?
Saat birde **yemék mi** var?	Gibt es um ein Uhr **Essen**?
Saat **birdé mi** yemek var?	Gibt es **um ein Uhr** Essen?

Auch können durch mehrfachen Einsatz Alternativfragen zum Ausdruck gebracht werden; ein *oder* ist in diesem Zusammenhang entbehrlich:

| Saat birdé mi ikidé mi yemek var? | Gibt es um ein oder um zwei Uhr Essen? |

V. Die Zahlen

1. Kardinalzahlen

Die türkischen Zahlwörter lauten:

1	bir	10	on	100	yüz	1.000	bin
2	iki	20	yirmi	200	iki yüz	2.000	iki bin
3	üç	30	otuz	300	üç yüz	3.000	üç bin
4	dört	40	kırk	400	dört yüz	4.000	dört bin
5	beş	50	elli	500	beş yüz	5.000	beş bin
6	altı	60	altmış	600	altı yüz	6.000	altı bin
7	yedi	70	yetmiş	700	yedi yüz	7.000	yedi bin
8	sekiz	80	seksen	800	sekiz yüz	8.000	sekiz bin
9	dokuz	90	doksan	900	dokuz yüz	9.000	dokuz bin

Zusammengesetzte Zahlen werden durch Hintereinanderstellung von Tausender-, Hunderter-, Zehner- und Einerzahlen gebildet:

22	yirmi iki
222	iki yüz yirmi iki
2.222	iki bin iki yüz yirmi iki
22.222	yirmi iki bin iki yüz yirmi iki

2. Die Uhrzeit

Das Wort **saat** bedeutet *Stunde, Uhr*. Zur Angabe der Uhrzeit wird das Zahlwort prädikativ gebraucht, d.h. es wird an das Satzende gestellt:

Saat kaç?	Die Stunde ist wie viel? = wie viel Uhr ist es?
Saat bir.	Die Stunde ist eins = es ist ein Uhr.

Zur Bezeichnung der dazwischenliegenden halben Stunden kommt zu der
vollen Stunde jeweils das Wort **... buçuk** ... *ein halb* hinzu:

Saat bir buçuk.	Die Stunde ist anderthalb = es ist halb zwei Uhr.

Für die Uhrzeit *halb eins* wird der Begriff **yarım** *halb* verwendet:

Saat yarım.	Die Stunde ist halb = es ist halb ein Uhr.

Das Lokativsuffix übernimmt in diesem Zusammenhang die Funktion der
deutschen Präposition *um*:

Saat kaçta yemek var?	Um wie viel Uhr gibt es Essen?
Saat birde.	Um ein Uhr.

Für die restlichen Uhrzeiten hat man sich das Zifferblatt senkrecht halbiert
vorzustellen:

Befindet sich der große Zeiger innerhalb der **linken Hälfte** des Zifferblatts,
wird **kalmak** *bleiben* oder **var** *vorhanden* mit dem **Dativ** verwendet:

Saat bire beş kalıyor/var.	Bis ein Uhr bleiben/gibt es fünf = es ist fünf vor eins.

Befindet sich der große Zeiger innerhalb der **rechten Hälfte** des Zifferblatts, wird **geçmek** *vorbeigehen* mit dem **Akkusativ** verwendet:

Saat biri beş geçiyor.	An der Stunde eins gehen fünf vorbei = es ist fünf nach eins.

Die deutsche Präposition *um* wird in diesem Zusammenhang durch die beiden Konverbformen **kala** und **geçe** zum Ausdruck gebracht (vgl. S. 85):

Saat bire beş kala yemek var.	Um fünf vor eins gibt es Essen.
Saat biri beş geçe yemek var.	Um fünf nach eins gibt es Essen.

3. Ordinalzahlen

Zur Bildung von Ordinalzahlen tritt an die Zahlwörter das Suffix **-(i)nci**.
Dabei wird das **t** des Zahlwortes **dört** zu **d** erweicht:

birinci	der/die erste	altıncı	der/die sechste
ikinci	der/die zweite	yedinci	der/die siebte
üçüncü	der/die dritte	sekizinci	der/die achte
dör**d**üncü	der/die vierte	dokuzuncu	der/die neunte
beşinci	der/die fünfte	onuncu	der/die zehnte

Zur Bezeichnung des ersten bzw. letzten Gegenstandes einer Zahlenreihe
werden **birinci** *der/die erste* und **sonuncu** *der/die letzte* verwendet:

Kızımız birinci sınıfa gidiyor.	Unsere Tochter geht in die erste Klasse.

Demgegenüber gibt es die Bezeichnungen **ilk** für *der/die allererste* und **son**
für *der/die allerletzte*:

İlk defa İstanbul'dayız.	Wir sind zum (aller)ersten Mal in Istanbul.
Son metro saat bir buçukta kalkıyor.	Die letzte Metro fährt um halb zwei Uhr ab.

Für Datumsangaben verwendet das Türkische nicht die Ordinalzahlen, sondern die einfachen Kardinalzahlen:

Bugün on dört Ağustos iki bin dokuz, Cuma.	Heute ist Freitag, der 14. August 2009.

Demgegenüber werden in der Umgangssprache die einzelnen Monate des
Kalenderjahres bisweilen mit „der erste Monat" etc. wiedergegeben:

Bu yıl yedinci ayda izine gideceğiz.	Wir werden dieses Jahr im 7. Monat (d.h. im Juli) in Urlaub fahren.

4. Bruchzahlen

Bruchzahlen werden im Türkischen gebildet, indem man zuerst den Nenner angibt, ihn in den Lokativ setzt, und anschließend den Zähler nennt:

üçte iki	in Dreien zwei = zwei Drittel

Das gleiche Prinzip wird auch auf Dezimal- und Prozentangaben angewendet:

onda yedi	in zehn sieben = sieben Zehntel = 0,7
yüzde on	in Hundert zehn = 10%

Da auf den sog. Genitivus partitivus im Türkischen der Possessiv der 3. Person folgen muss, werden auch Dezimal- und Prozentangaben häufig in eine Genitiv-Possessiv-Konstruktion eingebunden:

Bu tarlanın yüzde ellisi bizim.	Fünfzig Prozent dieses Feldes gehören uns.

5. Distributivzahlen

Zur Bildung von Distributivzahlen wird an die Zahlwörter das Suffix **-(ş)er** angefügt. Auch hierbei wird das **t** des Zahlwortes **dört** zu **d** erweicht:

birer	je 1	altışar	je 6
ikişer	je 2	yedişer	je 7
üçer	je 3	sekizer	je 8
dörder	je 4	dokuzar	je 9
beşer	je 5	onar	je 10

Bir çay içtik.	Wir haben (zusammen) einen Tee getrunken.
Birer çay içtik.	Wir haben **jeder** einen Tee getrunken.

VI. Postpositionen

1. Postpositionen mit dem Nominativ

Die sog. Verhältniswörter werden im Türkischen hinter das Nomen gestellt. Was in anderen Sprachen als **Prä**positionen bezeichnet wird, sind hier demnach **Post**positionen. Bei der Aussprache ist darauf zu achten, dass zwischen Bezugswort und Postposition keine Gesprächslücke entsteht.

Bei folgenden Postpositionen bleibt das Substantiv in seiner Grundform:

ile *mit*:

| Ali ile konuştuk. | Wir haben mit Ali gesprochen. |
| Selim ile konuştuk. | Wir haben mit Selim gesprochen. |

Diese Postposition ist im Laufe der Zeit zum Suffix geworden und fügt sich nun in die kleine Vokalharmonie ein. Der ursprüngliche Anfangsvokal wird – wie beim defekten Verbstamm **i-** (vgl. S. 36) – nach Vokal zu **y** und entfällt nach Konsonant ganz:

| Ali'yle konuştuk. | Wir haben mit Ali gesprochen. |
| Selim'le konuştuk. | Wir haben mit Selim gesprochen. |

Darüber hinaus kann **ile** auch an die Stelle von **ve** *und* gesetzt werden:

| Ali'yle Selim Türkiye'ye gidiyorlar. | Ali und Selim fahren in die Türkei. |

için *wegen, für*:

| Hasan için bir kitap aldım. | Ich habe für Hasan ein Buch gekauft. |

gibi *(genau) wie*:

| Babamız gibi yap! | Mache es wie unser Vater! |

kadar *(in dem Maße) wie*:

| Babam kadar büyük değilim. | Ich bin nicht so groß wie mein Vater. |

Während Substantive bei diesen vier Postpositionen in ihrer Grundform bleiben, stehen

> die Personalpronomina **ben, sen, o, biz, siz,**
> die Demonstrativpronomina **bu, şu, o**
> sowie das Interrogativpronomen **kim**

im **Genitiv**. Ausgenommen bleiben **ne** *was* sowie alle Formen, die das Pluralsuffix tragen:

Ben**im**le konuş!	Sprich mit mir!
Sen**in** için bir kitap aldım.	Ich habe ein Buch für dich gekauft.
Biz**im** gibi yap!	Mache es wie wir!
Siz**in** kadar büyük değilim.	Ich bin nicht so groß wie ihr.

| Niçin (ne için) gelmediniz? | Weshalb seid ihr nicht gekommen? |
| Çok işimiz vardı, on**un** için gelemedik. | Wir hatten viel zu tun, deshalb haben wir nicht kommen können. |

| Kim**in**le konuştun? | Mit wem hast du gesprochen? |
| Bunlarla konuştum. | Ich habe mit diesen hier gesprochen. |

Neben den konkreten Bezeichnungen **bunun gibi**, **bunun kadar** und **onun kadar** gibt es auch die allgemeinen Ausdrücke **bu gibi** *solch* sowie **bu kadar** und **o kadar** *so sehr, so viel*:

| Bu**nun** gibi evimiz yok. | Ein Haus wie dieses haben wir nicht. |
| Bu gibi evler bizde yok. | Solche Häuser gibt es bei uns nicht. |

| On**un** kadar büyük değilim. | Ich bin nicht so groß wie er. |
| O kadar büyük değilim. | So groß bin ich (nun auch wieder) nicht. |

2. Postpositionen mit dem Genitiv

Als Entsprechung deutscher Präpositionen mit lokaler Bedeutung wie *vor, hinter, neben* etc. verwendet das Türkische Substantive, die regelmäßig dekliniert werden:

ön	Vorderseite; vor	iç	Inneres; innerhalb, in
arka	Rückseite; hinter	dış	Äußeres; außerhalb
yan	Seite; neben, bei	üst	Oberseite; oberhalb, auf
karşı	Gegenüber; gegenüber	alt	Unterseite; unter
ara	Zwischenraum; zwischen	orta	Mitte; inmitten

Önüme otur!	Setze dich an meine Vorderseite = setze dich vor mich!
Aramıza otur!	Setze dich in unseren Zwischenraum = setze dich zwischen uns!

Da sie mit einem vorausgehenden Substantiv oder Pronomen eine Genitiv-Possessiv-Verbindung eingehen, können sie als Postpositionen mit dem Genitiv bezeichnet werden.

Hasan'ın önüne otur!	Setze dich vor Hasan!
Arabayı evimizin önüne park et!	Parke das Auto vor unserem Haus!
Araba evimizin önünde duruyor.	Das Auto steht vor unserem Haus.
Otobüs evimizin önünden geçiyor.	Der Bus fährt vor unserem Haus vorbei.

Misafirlerimizin arasına otur!	Setze dich zwischen unsere Gäste!
Araba iki evimizin arasında duruyor.	Das Auto steht zwischen unseren beiden Häusern.

Gehen zwei Substantive oder Pronomina voraus, wird das sie verbindende *und* durch **ile** ausgedrückt, und nur der 2. Begriff erhält das Genitivsuffix:

Ahmet ile Hasan'ın önüne otur!	Setze dich vor Ahmet und Hasan!
Araba postane ile evimizin arasında duruyor.	Das Auto steht zwischen der Post und unserem Haus.

3. Postpositionen mit dem Dativ

Folgende Postpositionen regieren den Dativ:

ait *zugehörig*:

Bu tarla köyümüze ait.	Dieses Feld gehört zu unserem Dorf.

dair *bezüglich, hinsichtlich*:

Arkadaşlarına dair haberin var mı?	Hast du Nachricht bezüglich deiner Freunde?

doğru räumlich *in Richtung, auf ... zu*; zeitlich *gegen*:

Mustafa eve doğru gidiyor.	Mustafa geht auf das Haus zu.
Saat bire doğru yemek var.	Gegen ein Uhr gibt es Essen.

göre *gemäß, zufolge, nach Ansicht*:

Haberlere göre Türkiye'de hava sıcak ve güneşli.	Den Nachrichten zufolge ist das Wetter in der Türkei warm und sonnig.

kadar räumlich und zeitlich *bis*:

Bugün daha Berlin'e kadar gitmek istiyoruz.	Wir wollen heute noch bis nach Berlin fahren.
Film saat sekizden ona kadar sürüyor.	Der Film dauert von acht bis zehn Uhr.

oranla *im Vergleich zu*:

Bize oranla küçüksün.	Im Vergleich zu uns bist du klein.

rağmen *trotz*:

Fırtınaya rağmen evden çıktık.	Wir sind trotz des Unwetters aus dem Haus gegangen.

4. Postpositionen mit dem Ablativ

Den Ablativ regieren folgende Postpositionen:

başka *anderer (als), abgesehen von, außer*:

Evde Ali'den başka kimse var mı?	Ist außer Ali jemand zu Hause?
Ali'den başka kimse yok.	Außer Ali ist niemand da.

beri *seit*:

Ne zamandan beri Almanya'dasınız?	Seit wann sind Sie in Deutschland?
Kırk yıldan beri.	Seit vierzig Jahren.

dolayı *infolge, wegen*:

Müdür hastalığından dolayı gele-meyecek.	Der Direktor wird infolge seiner Krankheit nicht kommen können.

önce *vorher, davor, früher (als), vor*:

Dersten önce gel!	Komme vor dem Unterricht!

sonra *nachher, danach, später (als), nach*:

Dersten sonra gel!	Komme nach dem Unterricht!

Zeitangaben werden zwischen Bezugswort und **önce** bzw. **sonra** gestellt:

dersten on dakika önce	zehn Minuten vor dem Unterricht
dersten on dakika sonra	zehn Minuten nach dem Unterricht

Das in den Ablativ zu setzende Bezugswort kann auch völlig entfallen:

on dakika önce	zehn Minuten vorher/ **vor** zehn Minuten
on dakika sonra	zehn Minuten später/ **in** zehn Minuten

VII. Das Hilfsverb *sein* sowie **var** und **yok**

1. Das Präsens

Das Hilfsverb *sein* besitzt im Türkischen nur eine geringe Anzahl eigener Formen. Für die 1. und 2. Personen des Präsens verwendet es Suffixe, die aus nachgestellten Personalpronomina entstanden sind. Das Suffix für die 3. Person ist ursprünglich eine Form des Verbs **durmak** *stehen*; in der Umgangssprache wird es nur selten als Kopula verwendet; obendrein entfällt in der 3. Person Plural das Pluralsuffix häufig, da das Subjekt selbst bereits im Plural steht. Die Verneinung erfolgt durch das Wort **değil** *nicht*:

Prädikatsnomen	Negation	Fragepartikel	Präsentische	Personalendungen
öğrenci	değil	mi	-(y)im	ich bin
öğretmen			-sin	du bist
evde			-dir	er/sie ist
iyi			-(y)iz	wir sind
			-siniz	ihr seid/Sie sind
			-dirler	sie sind

öğrenciyim	ich bin Schüler
öğrencisin	du bist Schüler
öğrenci(dir)	er/sie ist Schüler(in)
öğrenciyiz	wir sind Schüler
öğrencisiniz	ihr seid Schüler/Sie sind Schüler(in)
öğrenci(dirler)	sie sind Schüler

öğretmenim	ich bin Lehrer
öğretmensin	du bist Lehrer
öğretmen(dir)	er/sie ist Lehrer(in)
öğretmeniz	wir sind Lehrer
öğretmensiniz	ihr seid Lehrer/Sie sind Lehrer(in)
öğretmen(dirler)	sie sind Lehrer

öğrenci değilim	ich bin nicht Schüler
öğrenci değilsin	du bist nicht Schüler
öğrenci değil(dir)	er/sie ist nicht Schüler(in)
öğrenci değiliz	wir sind nicht Schüler
öğrenci değilsiniz	ihr seid/Sie sind nicht Schüler
öğrenci değil(dirler)	sie sind nicht Schüler

öğrenci miyim?	bin ich Schüler?
öğrenci misin?	bist du Schüler?
öğrenci mi(dir)?	ist er/sie Schüler(in)?
öğrenci miyiz?	sind wir Schüler?
öğrenci misiniz?	seid ihr/sind Sie Schüler?
öğrenci mi(dirler)?	sind sie Schüler?

öğrenci değil miyim?	bin ich nicht Schüler?
öğrenci değil misin?	bist du nicht Schüler?
öğrenci değil mi(dir)?	ist er/sie nicht Schüler(in)?
öğrenci değil miyiz?	sind wir nicht Schüler?
öğrenci değil misiniz?	seid ihr/sind Sie nicht Schüler?
öğrenci değil mi(dirler)?	sind sie nicht Schüler?

Die Formen der anderen Vokalgruppen lauten:

müdürüm	ich bin Direktor
müdür değilim	ich bin nicht Direktor

asistanım	ich bin Assistent
asistan değilim	ich bin nicht Assistent

doktorum	ich bin Arzt
doktor değilim	ich bin nicht Arzt

Das Präsens von **var** *vorhanden* und **yok** *nicht vorhanden* lautet:

çay var(dır)	Tee ist vorhanden = es gibt Tee
çay yok(tur)	Tee ist nicht vorhanden = es gibt keinen Tee

2. Das Perfekt/Präteritum

Das Türkische besitzt ein Hilfsverb *sein* auf der Basis eines sog. **defekten Verbstamms i-**. Zur Bildung des Perfekt werden die perfektischen Personalendungen (vgl. S. 46) direkt an den Verbstamm angefügt; dabei haben die Formen auch die Bedeutung eines Präteritums:

Hasan öğrenci idi	Hasan ist Schüler gewesen, Hasan war Schüler

Prädikatsnomen	Negation	Fragepartikel		
öğrenci	değil	mi	idim	-(y)dim
öğretmen			idin	-(y)din
evde			idi	-(y)di
iyi			idik	-(y)dik
			idiniz	-(y)diniz
			idiler	-(y)diler

Alle Formen dieses Hilfsverbs waren zunächst selbständige Wörter. Sie sind im Laufe der Zeit zu Suffixen geworden; dabei ist beim Aufeinandertreffen von Vokalen das **i-** des Verbstamms zu **y** geworden. Bei Endung des vorangehenden Wortes auf Konsonant ist der Verbstamm völlig verschwunden:

öğrenci idim	öğrenciydim	ich war Schüler
öğrenci idin	öğrenciydin	du warst Schüler
öğrenci idi	öğrenciydi	er/sie war Schüler(in)
öğrenci idik	öğrenciydik	wir waren Schüler
öğrenci idiniz	öğrenciydiniz	ihr wart Schüler/Sie waren Schüler
öğrenci idiler	öğrenciydiler	sie waren Schüler

öğretmen idim	öğretmendim	ich war Lehrer
öğretmen idin	öğretmendin	du warst Lehrer
öğretmen idi	öğretmendi	er/sie war Lehrer(in)
öğretmen idik	öğretmendik	wir waren Lehrer
öğretmen idiniz	öğretmendiniz	ihr wart Lehrer/Sie waren Lehrer
öğretmen idiler	öğretmendiler	sie waren Lehrer

öğrenci değildim	ich war nicht Schüler
öğrenci değildin	du warst nicht Schüler
öğrenci değildi	er/sie war nicht Schüler(in)
öğrenci değildik	wir waren nicht Schüler
öğrenci değildiniz	ihr wart/Sie waren nicht Schüler
öğrenci değildiler	sie waren nicht Schüler

öğrenci miydim?	war ich Schüler?
öğrenci miydin?	warst du Schüler?
öğrenci miydi?	war er/sie Schüler(in)?
öğrenci miydik?	waren wir Schüler?
öğrenci miydiniz?	wart ihr/waren Sie Schüler?
öğrenci miydiler?	waren sie Schüler?

öğrenci değil miydim?	war ich nicht Schüler?
öğrenci değil miydin?	warst du nicht Schüler?
öğrenci değil miydi?	war er/sie nicht Schüler(in)?
öğrenci değil miydik?	waren wir nicht Schüler?
öğrenci değil miydiniz?	wart ihr/waren Sie nicht Schüler?
öğrenci değil miydiler?	waren sie nicht Schüler?

Die Formen der anderen Vokalgruppen lauten:

müdürdüm	ich war Direktor
müdür değildim	ich war nicht Direktor

asistandım	ich war Assistent
asistan değildim	ich war nicht Assistent

doktordum	ich war Arzt
doktor değildim	ich war nicht Arzt

Das Perfekt bzw. Präteritum von **var** und **yok** lautet:

çay var idi çay vardı	Tee war vorhanden = es gab Tee
çay yok idi çay yoktu	Tee war nicht vorhanden = es gab keinen Tee

3. Das unbestimmte Perfekt/Präsens

Auch zur Wiedergabe des unbestimmten Perfekt des Hilfsverbs *sein* tritt der Verbstamm **i-** auf. Auf das Themasuffix des unbestimmten Perfekt (vgl. S. 48) folgen die präsentischen Personalendungen, wobei hier die Bildungen nicht nur Perfekt- und Präteritums-, sondern auch Präsensbedeutung haben können:

Hasan öğrenci imiş	Hasan soll Schüler gewesen sein, Hasan soll Schüler sein, Hasan war wohl Schüler, Hasan ist wohl Schüler

Prädikatsnomen	Negation	Fragepartikel		
öğrenci	değil	mi	imişim	-(y)mişim
öğretmen			imişsin	-(y)mişsin
evde			imiş	-(y)miş
iyi			imişiz	-(y)mişiz
			imişsiniz	-(y)mişsiniz
			imişler	-(y)mişler

öğrenci imişim	öğrenciymişim	ich soll Schüler (gewesen) sein
öğrenci imişsin	öğrenciymişsin	du sollst Schüler (gewesen) sein
öğrenci imiş	öğrenciymiş	er soll Schüler (gewesen) sein
öğrenci imişiz	öğrenciymişiz	wir sollen Schüler (gewesen) sein
öğrenci imişsiniz	öğrenciymişsiniz	ihr sollt Schüler (gewesen) sein
öğrenci imişler	öğrenciymişler	sie sollen Schüler (gewesen) sein

öğretmen imişim	öğretmenmişim	ich soll Lehrer (gewesen) sein
öğretmen imişsin	öğretmenmişsin	du sollst Lehrer (gewesen) sein
öğretmen imiş	öğretmenmiş	er soll Lehrer (gewesen) sein
öğretmen imişiz	öğretmenmişiz	wir sollen Lehrer (gewesen) sein
öğretmen imişsiniz	öğretmenmişsiniz	ihr sollt Lehrer (gewesen) sein
öğretmen imişler	öğretmenmişler	sie sollen Lehrer (gewesen) sein

öğrenci değilmişim	ich soll nicht Schüler (gewesen) sein
öğrenci değilmişsin	du sollst nicht Schüler (gewesen) sein
öğrenci değilmiş	er soll nicht Schüler (gewesen) sein
öğrenci değilmişiz	wir sollen nicht Schüler (gewesen) sein
öğrenci değilmişsiniz	ihr sollt nicht Schüler (gewesen) sein
öğrenci değilmişler	sie sollen nicht Schüler (gewesen) sein

öğrenci miymişim?	ich soll Schüler (gewesen) sein?
öğrenci miymişsin?	du sollst Schüler (gewesen) sein?
öğrenci miymiş?	er soll Schüler (gewesen) sein?
öğrenci miymişiz?	wir sollen Schüler (gewesen) sein?
öğrenci miymişsiniz?	ihr sollt Schüler (gewesen) sein?
öğrenci miymişler?	sie sollen Schüler (gewesen) sein?

öğrenci değil miymişim?	ich soll nicht Schüler (gewesen) sein?
öğrenci değil miymişsin?	du sollst nicht Schüler (gewesen) sein?
öğrenci değil miymiş?	er soll nicht Schüler (gewesen) sein?
öğrenci değil miymişiz?	wir sollen nicht Schüler (gewesen) sein?
öğrenci değil miymişsiniz?	ihr sollt nicht Schüler (gewesen) sein?
öğrenci değil miymişler?	sie sollen nicht Schüler (gewesen) sein?

Die Formen der anderen Vokalgruppen lauten:

müdürmüşüm	ich soll Direktor (gewesen) sein
müdür değilmişim	ich soll nicht Direktor (gewesen) sein

asistanmışım	ich soll Assistent (gewesen) sein
asistan değilmişim	ich soll nicht Assistent (gewesen) sein

doktormuşum	ich soll Arzt (gewesen) sein
doktor değilmişim	ich soll nicht Arzt (gewesen) sein

Das unbestimmte Perfekt, Präteritum und Präsens von **var** und **yok** lautet:

çay var imiş çay varmış	Tee war/ist wohl vorhanden = es gab/gibt wohl Tee
çay yok imiş çay yokmuş	Tee war/ist wohl nicht vorhanden = es gab/gibt es wohl keinen Tee

4. Der reale Konditional

Der defekte Verbstamm **i-** tritt im heutigen Türkisch nur in insgesamt vier Formen auf. Für alle übrigen Formen des Hilfsverbs *sein* – seien es finite Verbformen, Infinitive, Partizipien oder Konverbien – verwendet das Türkische das Vollverb **olmak** *werden*, das dann auch die Bedeutung *sein* und *vorhanden sein* erhält (vgl. hierzu die Übersicht über die türkischen Verbformen im Anhang, S. 104 f.).

Die Formen des realen Konditionals des Hilfsverbs *sein* werden gebildet, indem man die konditionalen Personalendungen (vgl. S. 66) an den Verbstamm **i-** anfügt:

Hasan öğrenci ise	wenn Hasan Schüler ist

Prädikatsnomen	Negation		
öğrenci	değil	isem	-(y)sem
öğretmen		isen	-(y)sen
evde		ise	-(y)se
iyi		isek	-(y)sek
		iseniz	-(y)seniz
		iseler	-(y)seler

öğrenci isem	öğrenciysem	wenn ich Schüler bin
öğrenci isen	öğrenciysen	wenn du Schüler bist
öğrenci ise	öğrenciyse	wenn er/sie Schüler(in) ist
öğrenci isek	öğrenciysek	wenn wir Schüler sind
öğrenci iseniz	öğrenciyseniz	wenn ihr Schüler seid
öğrenci iseler	öğrenciyseler	wenn sie Schüler sind

öğretmen isem	öğretmensem	wenn ich Lehrer bin
öğretmen isen	öğretmensen	wenn du Lehrer bist
öğretmen ise	öğretmense	wenn er/sie Lehrer(in) ist
öğretmen isek	öğretmensek	wenn wir Lehrer sind
öğretmen iseniz	öğretmenseniz	wenn ihr Lehrer seid
öğretmen iseler	öğretmenseler	wenn sie Lehrer sind

öğrenci değilsem	wenn ich nicht Schüler bin
öğrenci değilsen	wenn du nicht Schüler bist
öğrenci değilse	wenn er nicht Schüler ist
öğrenci değilsek	wenn wir nicht Schüler sind
öğrenci değilseniz	wenn ihr nicht Schüler seid
öğrenci değilseler	wenn sie nicht Schüler sind

Die Formen der anderen Vokalgruppen lauten:

| müdürsem | wenn ich Direktor bin |
| müdür değilsem | wenn ich nicht Direktor bin |

| asistansam | wenn ich Assistent bin |
| asistan değilsem | wenn ich nicht Assistent bin |

| doktorsam | wenn ich Arzt bin |
| doktor değilsem | wenn ich nicht Arzt bin |

Der reale Konditional von **var** und **yok** lautet:

| çay var ise   çay varsa | wenn Tee vorhanden ist = wenn es Tee gibt |
| çay yok ise   çay yoksa | wenn Tee nicht vorhanden ist = wenn es keinen Tee gibt |

Lösgelöst von ihrer ursprünglichen konditionalen Bedeutung dient die Form **ise** auch als adversative Satzverbindung im Sinne von *was ... betrifft*, *hingegen*:

| Oğlum mühendis, kızım doktor. | Mein Sohn ist Ingenieur, meine Tochter ist Ärztin. |
| Oğlum mühendis, kızım **ise** doktor. | Mein Sohn ist Ingenieur, meine Tochter **hingegen** ist Ärztin. |

VIII. Das Vollverb

1. Der Infinitiv sowie der Imperativ der 2. Person Singular

Der **Infinitiv** des türkischen Vollverbs setzt sich zusammen aus Verbstamm und Infinitivendung. Die Infinitivendung lautet **-mek**; der Verbstamm ist zugleich Imperativ der 2. Person Singular:

gelmek	kommen	gel!	komme!
beklemek	warten	bekle!	warte!
görmek	sehen	gör!	sieh!
yürümek	marschieren, gehen	yürü!	marschiere!
yazmak	schreiben	yaz!	schreibe!
aramak	suchen	ara!	suche!
konuşmak	sprechen	konuş!	sprich!
okumak	lesen	oku!	lies!

Die **Verneinung** im Zusammenhang mit dem Vollverb wird durch ein Suffix **-me** wiedergegeben, das sich direkt an den Verbstamm anschließt:

gelmemek	nicht kommen	gelme!	komme nicht!
beklememek	nicht warten	bekleme!	warte nicht!
görmemek	nicht sehen	görme!	sieh nicht!
yürümemek	nicht marschieren	yürüme!	marschiere nicht!
yazmamak	nicht schreiben	yazma!	schreibe nicht!
aramamak	nicht suchen	arama!	suche nicht!
konuşmamak	nicht sprechen	konuşma!	sprich nicht!
okumamak	nicht lesen	okuma!	lies nicht!

Zur Bildung der einzelnen finiten Verbformen schließt sich an Verbstamm und ggfs. Verneinungssilbe derjenige Bestandteil an, der einen bestimmten zeitlichen oder modalen Aspekt beinhaltet; er wird im folgenden als Themasuffix bezeichnet. Die so entstandenen Formen sind Verbalnomina, die als Prädikatsnomina dienen und zur Bezeichnung der einzelnen Personen Personalendungen erhalten.

2. Das 1. Präsens

Das 1. Präsens drückt die augenblickliche Handlung bzw. die gegenwärtige Situation aus. Sein Themasuffix lautet **-iyor, -üyor, -ıyor, -uyor**, an das sich die präsentischen Personalendungen anschließen:

geliyorum	ich bin einer, der kommt = ich komme

Verbstamm	Negation	Themasuffix	Fragepartikel	Präsentische Personal- endungen	
gel-	-me	-iyor	mu	-(y)um	
				-sun	

				-(y)uz	
				-sunuz	
			---	-lar	mı

geliyorum	ich komme
geliyorsun	du kommst
geliyor	er/sie kommt
geliyoruz	wir kommen
geliyorsunuz	ihr kommt, Sie kommen
geliyorlar	sie kommen

Damit nicht zwei Vokale aufeinandertreffen, verliert die Verneinungssilbe beim 1. Präsens – ausnahmsweise – ihren Vokal:

gelmiyorum (nicht: gelme-iyorum)	ich komme nicht
gelmiyorsun	du kommst nicht
gelmiyor	er/sie kommt nicht
gelmiyoruz	wir kommen nicht
gelmiyorsunuz	ihr kommt nicht, Sie kommen nicht
gelmiyorlar	sie kommen nicht

Einen hörbaren Unterschied zur bejahten Form und damit eine Hilfe zum
Verständnis stellt die **Betonung** dar, denn eine besondere Eigenschaft der
Verneinungssilbe liegt darin, dass sie – ebenso wie die Fragepartikel **mi** –
die Betonung immer auf die ihr unmittelbar vorangehende Silbe zieht:

geliy**ó**rum	ich komme
g**é**lmiyorum	ich komme nicht

Die Fragepartikel steht bei fast allen Personen vor den Personalendungen;
bei der 3. Person Plural jedoch wird sie nachgestellt:

geliyor muyum?	komme ich?
geliyor musun?	kommst du?
geliyor mu?	kommt er/sie?
geliyor muyuz?	kommen wir?
geliyor musunuz?	kommt ihr, kommen Sie?
geliyor**lar mı**?	kommen sie?

gelmiyor muyum?	komme ich nicht?
gelmiyor musun?	kommst du nicht?
gelmiyor mu?	kommt er/sie nicht?
gelmiyor muyuz?	kommen wir nicht?
gelmiyor musunuz?	kommt ihr nicht, kommen Sie nicht?
gelmiyorlar mı?	kommen sie nicht?

Die Formen der anderen Vokalgruppen lauten:

görüyorum	ich sehe
görmüyorum	ich sehe nicht

yazıyorum	ich schreibe
yazmıyorum	ich schreibe nicht

konuşuyorum	ich spreche
konuşmuyorum	ich spreche nicht

Endet der Verbstamm auf **Vokal**, entfällt dieser bei der bejahten Form des
1. Präsens, da sonst ebenfalls zwei Vokale aufeinandertreffen würden:

bekliyorum (nicht: bekle-iyorum)	ich warte
beklemiyorum	ich warte nicht

yürüyorum (nicht: yürü-üyorum)	ich marschiere
yürümüyorum	ich marschiere nicht

arıyorum (nicht: ara-ıyorum)	ich suche
aramıyorum	ich suche nicht

okuyorum (nicht: oku-uyorum)	ich lese
okumuyorum	ich lese nicht

Bei zwei sehr häufig gebrauchten Verben, deren Verbstamm auf **-t** auslautet, wird dieses **t** immer dann zu **d** erweicht, wenn das sich anschließende
Suffix mit einem Vokal beginnt. Das eine ist **gitmek** *gehen, fahren*:

gi**d**iyorum	ich gehe
gitmiyorum	ich gehe nicht

Das zweite ist **etmek** *tun*. Dieses Verb dient vor allem dazu, auf der Basis
von Fremdwörtern Verben zu bilden, so etwa **telefon etmek** *telefonieren*:

telefon e**d**iyorum	ich telefoniere
telefon etmiyorum	ich telefoniere nicht

(Neben der hier wiedergegebenen Erklärung der Formen des 1. Präsens gibt
es eine weitere, linguistisch wohl zutreffendere, der zufolge das Themasuffix lediglich **-yor** lautet und nach konsonantisch auslautendem Verbstamm
ein i, ü, ı bzw. u als Bindevokal eingeschoben wird. Bei vokalisch auslautendem Verbstamm sowie nach der Verneinungssilbe wird der jeweilige
Auslautvokal zu i, ü, ı bzw. u verengt. Letztendlich entstehen die gleichen
Formen wie oben beschrieben.)

3. Das Perfekt

Das Themasuffix des Perfekt ist ein **-d**. Die Personen werden hier mit einer einzigen Abweichung durch die Possessivsuffixe ausgedrückt, die mit dem Themasuffix eine Einheit bilden – sie werden im Folgenden als perfektische Personalendungen bezeichnet –, so dass die Fragepartikel bei allen Personen an letzter Stelle steht. Die Betonung liegt auf dem Verbstamm:

Hasan geldi.	Hasan ist gekommen (d.h. er ist jetzt da).

Verbstamm	Negation	Perfektische Personal-endungen	Fragepartikel
gel-	-me	-dim	mi
		-din	
		-di	
		-d**ik**	
		-diniz	
		-diler	

geldim	ich bin gekommen
geldin	du bist gekommen
geldi	er/sie ist gekommen
geldik	wir sind gekommen
geldiniz	ihr seid/Sie sind gekommen
geldiler	sie sind gekommen

gelmedim	ich bin nicht gekommen
gelmedin	du bist nicht gekommen
gelmedi	er/sie ist nicht gekommen
gelmedik	wir sind nicht gekommen
gelmediniz	ihr seid/Sie sind nicht gekommen
gelmediler	sie sind nicht gekommen

geldim mi?	bin ich gekommen?
geldin mi?	bist du gekommen?
geldi mi?	ist er/sie gekommen?
geldik mi?	sind wir gekommen?
geldiniz mi?	seid ihr/sind Sie gekommen?
geldiler mi?	sind sie gekommen?

gelmedim mi?	bin ich nicht gekommen?
gelmedin mi?	bist du nicht gekommen?
gelmedi mi?	ist er/sie nicht gekommen?
gelmedik mi?	sind wir nicht gekommen?
gelmediniz mi?	seid ihr/sind Sie nicht gekommen?
gelmediler mi?	sind sie nicht gekommen?

Die Formen der anderen Vokalgruppen lauten:

gördüm	ich habe gesehen
görmedim	ich habe nicht gesehen

yazdım	ich habe geschrieben
yazmadım	ich habe nicht geschrieben

konuştum	ich habe gesprochen
konuşmadım	ich habe nicht gesprochen

Für einige Redewendungen, bei denen das Deutsche das Präsens verwendet, gebraucht das Türkische das Perfekt, um anzuzeigen, dass eine Situation eingetreten ist:

çok acıktım	ich bin sehr hungrig (geworden)
çok susadım	ich bin sehr durstig (geworden)
çok doydum	ich bin sehr satt (geworden)
çok sevindim	es hat mich sehr erfreut = es freut mich sehr
çok üzüldüm	es hat mich sehr bekümmert = es tut mir sehr leid

4. Das unbestimmte Perfekt

Es gibt im Türkischen eine eigene Perfektform, mit deren Hilfe man zum
Ausdruck bringt, dass man die berichtete Handlung nicht selbst beobachtet
oder bewusst miterlebt hat und daher nur vermutet. Durch diese Form wird
jedoch der Wahrheitsgehalt des Berichteten nicht unbedingt in Zweifel ge-
zogen. Das Themasuffix dieses unbestimmten Perfekt lautet **-miş**; die Betonung liegt auf dem Verbstamm:

Hasan gelmiş.	Hasan ist wohl gekommen, Hasan soll gekommen sein.

Verbstamm	Negation	Themasuffix	Fragepartikel	Präsentische Personalendungen	
gel-	-me	-miş	mi	-(y)im	
				-sin	

				-(y)iz	
				-siniz	
			---	-ler	mi

gelmişim	ich bin wohl gekommen
gelmişsin	du bist wohl gekommen
gelmiş	er/sie ist wohl gekommen
gelmişiz	wir sind wohl gekommen
gelmişsiniz	ihr seid/Sie sind wohl gekommen
gelmişler	sie sind wohl gekommen

gelmemişim	ich bin wohl nicht gekommen
gelmemişsin	du bist wohl nicht gekommen
gelmemiş	er/sie ist wohl nicht gekommen
gelmemişiz	wir sind wohl nicht gekommen
gelmemişsiniz	ihr seid wohl nicht gekommen
gelmemişler	sie sind wohl nicht gekommen

gelmiş miyim?	ob ich wohl gekommen bin?
gelmiş misin?	ob du wohl gekommen bist?
gelmiş mi?	ob er/sie wohl gekommen ist?
gelmiş miyiz?	ob wir wohl gekommen sind?
gelmiş misiniz?	ob ihr wohl gekommen seid?
gelmişler mi?	ob sie wohl gekommen sind?

gelmemiş miyim?	ob ich wohl nicht gekommen bin?
gelmemiş misin?	ob du wohl nicht gekommen bist?
gelmemiş mi?	ob er/sie wohl nicht gekommen ist?
gelmemiş miyiz?	ob wir wohl nicht gekommen sind?
gelmemiş misiniz?	ob ihr wohl nicht gekommen seid?
gelmemişler mi?	ob sie wohl nicht gekommen sind?

Die Formen der anderen Vokalgruppen lauten:

görmüşüm	ich habe wohl gesehen
görmemişim	ich habe wohl nicht gesehen

yazmışım	ich habe wohl geschrieben
yazmamışım	ich habe wohl nicht geschrieben

konuşmuşum	ich habe wohl gesprochen
konuşmamışım	ich habe wohl nicht gesprochen

Um zu bekräftigen, dass die berichtete Handlung sich tatsächlich ereignet hat, kann bei allen Personen, vorzugsweise der 3. Person, die Endung **-dir** angeschlossen werden. Diese Ausdrucksweise war früher vor allem in der Nachrichtensprache verbreitet:

Başbakan istifa etmiştir.	Der Ministerpräsident ist zurückge-treten.
Sanatçı yeni bir sergi açmıştır.	Der Künstler hat eine neue Ausstel-lung eröffnet.

5. Das Futur

Das Futur drückt eine Handlung aus, die infolge einer festen Absicht oder Zwangslage in der Zukunft eintreten wird. Je nach Situation kann es daher auch mit *wollen* oder *müssen* übersetzt werden. Das Themasuffix des Futur lautet **-(y)ecek**; die Betonung liegt bei der bejahten Form auf **-(y)ecék**:

Verbstamm	Negation	Themasuffix	Fragepartikel	Präsentische Personal-endungen	
gel-	-me	-(y)ecek	mi	-(y)im	
				-sin	

				-(y)iz	
				-siniz	
			---	-ler	mi

geleceğim	ich werde kommen
geleceksin	du wirst kommen
gelecek	er/sie wird kommen
geleceğiz	wir werden kommen
geleceksiniz	ihr werdet/Sie werden kommen
gelecekler	sie werden kommen

gelmeyeceğim	ich werde nicht kommen
gelmeyeceksin	du wirst nicht kommen
gelmeyecek	er/sie wird nicht kommen
gelmeyeceğiz	wir werden nicht kommen
gelmeyeceksiniz	ihr werdet/Sie werden nicht kommen
gelmeyecekler	sie werden nicht kommen

gelecek miyim?	werde ich kommen?
gelecek misin?	wirst du kommen?
gelecek mi?	wird er/sie kommen?
gelecek miyiz?	werden wir kommen?
gelecek misiniz?	werdet ihr/werden Sie kommen?
gelecekler mi?	werden sie kommen?

gelmeyecek miyim?	werde ich nicht kommen?
gelmeyecek misin?	wirst du nicht kommen?
gelmeyecek mi?	wird er/sie nicht kommen?
gelmeyecek miyiz?	werden wir nicht kommen?
gelmeyecek misiniz?	werdet ihr nicht kommen?
gelmeyecekler mi?	werden sie nicht kommen?

Die Formen der anderen Vokalgruppen lauten:

| göreceğim | ich werde sehen |
| görmeyeceğim | ich werde nicht sehen |

| yazacağım | ich werde schreiben |
| yazmayacağım | ich werde nicht schreiben |

| konuşacağım | ich werde sprechen |
| konuşmayacağım | ich werde nicht sprechen |

Bei den beiden Verben **demek** *sagen* und **yemek** *essen*, deren einsilbiger Verbstamm auf Vokal auslautet, wird das **e** des Verbstamms immer dann zu **i** verengt, wenn ein vokalisch anlautendes Suffix der kleinen Vokalharmonie samt Bindekonsonant **y** anschließt:

| diyeceğim | ich werde sagen |
| demeyeceğim | ich werde nicht sagen |

| yiyeceğim | ich werde essen |
| yemeyeceğim | ich werde nicht essen |

Diese Regelung galt in der früheren Schreibung für alle auf **e** oder **a** auslautenden Verbstämme sowie für die Verneinungssilbe:

| bekliyeceğim | ich werde warten |
| beklemiyeceğim | ich werde nicht warten |

| arıyacağım | ich werde suchen |
| aramıyacağım | ich werde nicht suchen |

6. Das bejahte 2. Präsens

In seiner Bedeutung steht das 2. Präsens insofern zwischen dem 1. Präsens und dem Futur, als es nicht die gegenwärtige Situation, sondern eine **Gewohnheit**, andererseits auch nicht eine mit Sicherheit in der Zukunft eintretende Handlung, sondern eher eine **Absicht** wiedergibt. Durch die Frageform kann darüber hinaus eine **Bitte** zum Ausdruck gebracht werden:

Hasan saat sekizde gelir.	Hasan kommt (gewöhnlich/ voraussichtlich) um acht Uhr.
Saat sekizde gelir misin, lütfen?	Würdest du bitte um acht Uhr kommen?

Verbstamm		Themasuffix	Fragepartikel	Präsentische Personalendungen	
I	bekle-	-r	mi	-(y)im	
II	öğren-	-ir		-sin	
III	gel-, ver-	-ir		---	
	gül-, gir-	-er			
IV	iç-	-er		-(y)iz	
				-siniz	
			---	-ler	mi

Je nach Beschaffenheit ihres Verbstamms sind die türkischen Verben in vier Gruppen zu unterteilen; dabei liegt die Betonung auf der Silbe des Themasuffixes bzw. bei vokalisch auslautenden Verbstämmen auf dem Vokal:

I.   Endet der Verbstamm auf Vokal, ist das Themasuffix ein einfaches **-r**:

beklerim	ich warte
beklersin	du wartest
bekler	er/sie wartet
bekleriz	wir warten
beklersiniz	ihr wartet/Sie warten
beklerler	sie warten

II. Endet der Verbstamm auf Konsonant und ist mehrsilbig, lautet das Themasuffix **-ir**:

öğren**ir**im	ich lerne
öğren**ir**sin	du lernst
öğren**ir**	er/sie lernt
öğren**ir**iz	wir lernen
öğren**ir**siniz	ihr lernt/Sie lernen
öğren**ir**ler	sie lernen

III. Bei einem Teil der einsilbigen Verbstämme auf **-l** oder **-r** lautet das Themasuffix **-ir**, bei einem anderen **-er**. Aus diesem Grunde erhalten die Verben dieser Gruppe in den Wörterbüchern einen besonderen Hinweis (vgl. hierzu die Klassifizierung im Anhang, S. 107):

gel**ir**im	ich komme
gel**ir**sin	du kommst
gel**ir**	er/sie kommt
gel**ir**iz	wir kommen
gel**ir**siniz	ihr kommt/Sie kommen
gel**ir**ler	sie kommen

gül**er**im	ich lache
gül**er**sin	du lachst
gül**er**	er/sie lacht
gül**er**iz	wir lachen
gül**er**siniz	ihr lacht/sie lachen
gül**er**ler	sie lachen

IV. Die übrigen einsilbigen Verbstämme auf Konsonant haben als Themasuffix **-er**:

iç**er**im	ich trinke
iç**er**sin	du trinkst
iç**er**	er/sie trinkt
iç**er**iz	wir trinken
iç**er**siniz	ihr trinkt/Sie trinken
iç**er**ler	sie trinken

7. Das verneinte 2. Präsens

Das verneinte 2. Präsens drückt eine grundsätzliche Verneinung aus. Sein Themasuffix lautet **-mez**; die Betonung liegt auf der Silbe des Themasuffixes:

Hasan sigara içmez	Hasan raucht grundsätzlich nicht, Hasan raucht bestimmt nicht

Verbstamm	Themasuffix	Fragepartikel	Präsentische Personalendungen	
gel-	-mez	mi	-(y)im	
			-sin	

			-(y)iz	
			-siniz	
		---	-ler	mi

Die Formen der 1. Personen Singular und Plural insofern unregelmäßig, als sie ohne vorausgehende Fragepartikel **-mem** und **-meyiz** lauten:

gel**mem**	ich komme nicht
gelmezsin	du kommst nicht
gelmez	er/sie kommt nicht
gel**meyiz**	wir kommen nicht
gelmezsiniz	ihr kommt/Sie kommen nicht
gelmezler	sie kommen nicht

gelmez miyim?	komme ich nicht?
gelmez misin?	kommst du nicht?
gelmez mi?	kommt er/sie nicht?
gelmez miyiz?	kommen wir nicht?
gelmez misiniz?	kommt ihr/kommen Sie nicht?
gelmezler mi?	kommen sie nicht?

Die Formen der anderen Vokalgruppen lauten:

görmem	ich sehe nicht
görmez miyim?	sehe ich nicht?

yazmam	ich schreibe nicht
yazmaz mıyım?	schreibe ich nicht?

konuşmam	ich spreche nicht
konuşmaz mıyım?	spreche ich nicht?

Stellt man jeweils die Grundformen des bejahten und verneinten 2. Präsens hintereinander, entsteht ein Temporalsatz, der im Deutschen mit *kaum dass, sowie* beginnt:

Eve gelir gelmez bir şey yeriz.	Sowie wir nach Hause kommen, essen wir etwas.

Ist das Subjekt der Nebenhandlung ein anderes als das der Haupthandlung, wird es zusätzlich an den Satzanfang gestellt:

Çocuklar eve gelir gelmez bir şey yeriz.	Sowie die Kinder nach Hause kommen, essen wir etwas.

8. Das Modalverb *wollen*

Das deutsche Modalverb *wollen* hat seine Entsprechung in dem türkischen Verb **istemek**:

Türkçe öğrenmek istiyorum.	Ich will Türkisch lernen.
Şimdi bir şey yemek istemiyorum.	Ich will jetzt nichts essen.

9. Der Nezessitativ

Das deutsche Modalverb *müssen* oder auch das konjunktivische *sollen* sowie in der verneinten Form das *nicht dürfen* hat seine türkische Entsprechung in einem eigenen Themasuffix. Durch diese Form wird nicht ein Zwang, sondern eher eine nachdrückliche Empfehlung oder allgemeine Verhaltensanweisung zum Ausdruck gebracht. Das Themasuffix des Nezessitativ lautet **-meli**; die Betonung liegt auf dem Verbstamm:

Doktora gitmelisin.	Du solltest zum Arzt gehen.
Sigara içmemelisin.	Du solltest nicht rauchen; du darfst nicht rauchen.

Verbstamm	Negation	Themasuffix	Fragepartikel	Präsentische Personalendungen
gel-	-me	-meli	mi	-(y)im
				-sin
				-dir
				-(y)iz
				-siniz
				-dir(ler)

gelmeliyim	ich sollte kommen
gelmelisin	du solltest kommen
gelmelidir	er/sie sollte kommen
gelmeliyiz	wir sollten kommen
gelmelisiniz	ihr solltet/Sie sollten kommen
gelmelidirler	sie sollten kommen

gelmemeliyim	ich sollte nicht kommen
gelmemelisin	du solltest nicht kommen
gelmemelidir	er/sie sollte nicht kommen
gelmemeliyiz	wir sollten nicht kommen
gelmemelisiniz	ihr solltet/Sie sollten nicht kommen
gelmemelidirler	sie sollten nicht kommen

gelmeli miyim?	muss ich kommen?
gelmeli misin?	musst du kommen?
gelmeli midir?	muss er/sie kommen?
gelmeli miyiz?	müssen wir kommen?
gelmeli misiniz?	müsst ihr/müssen Sie kommen?
gelmeli midirler?	müssen sie kommen?

gelmemeli miyim?	darf ich nicht kommen?
gelmemeli misin?	darfst du nicht kommen?
gelmemeli midir?	darf er/sie nicht kommen?
gelmemeli miyiz?	dürfen wir nicht kommen?
gelmemeli misiniz?	dürft ihr/dürfen Sie nicht kommen?
gelmemeli midirler?	dürfen sie nicht kommen?

Die Formen der anderen Vokalgruppen lauten:

görmeliyim	ich sollte sehen
görmemeliyim	ich sollte nicht sehen

yazmalıyım	ich sollte schreiben
yazmamalıyım	ich sollte nicht schreiben

konuşmalıyım	ich sollte sprechen
konuşmamalıyım	ich sollte nicht sprechen

Fehlen Subjekt wie auch Personalendung, wird ein allgemeines Müssen ausgedrückt:

Almanya'da çok çalışmalı.	In Deutschland muss man viel arbeiten.
Bu duvarı badanalamalı mı, badanalamamalı mı?	Sollte man diese Wand tünchen, oder sollte man sie nicht tünchen?

10. Der Imperativ der 2. Person Plural

Das Türkische besitzt für den Imperativ der 2. Person Plural zwei Formen: in der Umgangssprache wird vor allem die Kurzform verwendet, während man der längeren bei unpersönlich gehaltenen Aufforderungen begegnet. Die Betonung liegt auf dem Verbstamm:

Verbstamm	Negation	Imperativendung 2. Person Plural	
gel-	-me	-(y)in	Kurzform
		-(y)iniz	Langform

gelin, geliniz!	kommt/kommen Sie!
gelmeyin, gelmeyiniz!	kommt nicht/kommen Sie nicht!

Die Formen der anderen Vokalgruppen lauten:

görün, görünüz!	seht/sehen Sie!
görmeyin, görmeyiniz!	seht nicht/sehen Sie nicht!

yazın, yazınız!	schreibt/schreiben Sie!
yazmayın, yazmayınız!	schreibt nicht/schreiben Sie nicht!

konuşun, konuşunuz!	sprecht/sprechen Sie!
konuşmayın, konuşmayınız!	sprecht nicht/sprechen Sie nicht!

Im Alltag häufig gebrauchte Redewendungen sind:

Buyurun, oturun!	Bitte sehr, nehmen Sie Platz!
Sağ olun!	Danke! (wörtl.: Seien Sie gesund!)
Zahmet etmeyin!	Machen Sie sich keine Umstände!

Unpersönlich gehaltene Aufforderungen sind:

Sigara içmeyiniz!	Rauchen Sie nicht!
İtiniz!	Drücken Sie!
Çekiniz!	Ziehen Sie!

11. Der Imperativ der 3. Personen

Auch für die 3. Person kennt das Türkische eine eigene Aufforderungsform mit dem Suffix **-sin**, das nicht mit der präsentischen Personalendung der 2. Person Singular zu verwechseln ist, da es direkt auf den Verbstamm bzw. die Verneinungssilbe folgt. Die Betonung liegt auf dem Verbstamm:

Verbstamm	Negation	Imperativendung 3. Personen	Fragepartikel
gel-	-me	-sin 3.P.Sg. -sinler 3.P.Pl.	mi

gelsin!	er/sie soll kommen!
gelsinler!	sie sollen kommen!

gelmesin!	er/sie soll nicht kommen!
gelmesinler!	sie sollen nicht kommen!

gelsin mi?	soll er/sie kommen?
gelsinler mi?	sollen sie kommen?

gelmesin mi?	soll er/sie nicht kommen?
gelmesinler mi?	sollen sie nicht kommen?

Die Formen der anderen Vokalgruppen lauten:

görsün!	er/sie soll sehen!
görmesin!	er/sie soll nicht sehen!

yazsın!	er/sie soll schreiben!
yazmasın!	er/sie soll nicht schreiben!

konuşsun!	er/sie soll sprechen!
konuşmasın!	er/sie soll nicht sprechen!

12. Der Optativ

Das Türkische besitzt ein eigenes Themasuffix zum Ausdruck einer Wunsch- und Aufforderungsform, die in etwa dem deutschen Modalverb *mögen* oder seinen Konjunktiven, in der Frageform dem Modalverb *sollen* entspricht. Anders als bei **istemek** *wollen* werden hier die Beteiligten indirekt in die Entscheidung mit einbezogen. Das Themasuffix des Optativ lautet **-(y)e**; die Betonung liegt bei der bejahten Form auf dem Themasuffix:

geleyim	ich mag kommen, ich möge kommen, ich möchte kommen, ich komme einmal

Verbstamm	Negation	Themasuffix	Präsentische Personalendungen	Fragepartikel
gel-	-me	-(y)e	-yim	mi
			-sin	

			-lim	
			-siniz	
			-ler	

Von dieser Form werden vor allem die 1. Personen gebraucht; dabei hat sich das Suffix für die 1. Person Plural von ursprünglich **-yiz** in **-lim** gewandelt. Die 2. Personen sind verhältnismäßig wenig gebräuchlich; den 3. Personen wird die entsprechende Imperativform vorgezogen:

geleyim	ich mag/möge/möchte kommen
gelesin	du magst/mögest/möchtest kommen
gele	er/sie mag/möge/möchte kommen
gelelim	wir möchten/lasst uns kommen
gelesiniz	ihr mögt/möchtet kommen
geleler	sie mögen/möchten kommen

gelmeyeyim	ich mag/möchte nicht kommen
gelmeyesin	du magst/möchtest nicht kommen
gelmeye	er/sie mag/möchte nicht kommen
gelmeyelim	wir möchten/lasst uns nicht kommen
gelmeyesiniz	ihr mögt/möchtet nicht kommen
gelmeyeler	sie mögen/möchten nicht kommen

geleyim mi?	soll ich kommen?
gelelim mi?	sollen wir kommen?

gelmeyeyim mi?	soll ich nicht kommen?
gelmeyelim mi?	sollen wir nicht kommen?

Die Formen der anderen Vokalgruppen lauten:

göreyim	ich mag/möchte sehen
görmeyeyim	ich mag/möchte nicht sehen

yazayım	ich mag/möchte schreiben
yazmayayım	ich mag/möchtet nicht schreiben

konuşayım	ich mag/möchte sprechen
konuşmayayım	ich mag/möchte nicht sprechen

Wie beim Futur wird auch bei der bejahten Form des Optativ das **e** des Verbstamms der beiden Verben **demek** *sagen* und **yemek** *essen* zu **i** verengt:

diyeyim	ich mag/möchte sagen
demeyeyim	ich mag/möchte nicht sagen

yiyeyim	ich mag/möchte essen
yemeyeyim	ich mag/möchte nicht essen

13. Der Possibilitiv

Den deutschen Modalverben *können* und *dürfen* entspricht das türkische Verb **bilmek**. Anders als bei **istemek** wird hier das Vollverb nicht im Infinitiv vorangestellt, sondern in seiner Konverbform auf **-(y)e** (vgl. S. 85) dem Hilfsverb vorgeschaltet. Das Verb **bilmek** wird regelmäßig, jedoch nur in bejahter Form, konjugiert:

gelebiliyorum	ich kann (jetzt) kommen
gelebilirim	ich kann (grundsätzlich) kommen
gelebileceğim	ich werde kommen können
gelebildim	ich habe kommen können

Die Formen der anderen Vokalgruppen lauten:

görebiliyorum	ich kann (jetzt) sehen
görebilirim	ich kann (grundsätzlich) sehen
görebileceğim	ich werde sehen können
görebildim	ich habe sehen können

yazabiliyorum	ich kann (jetzt) schreiben
yazabilirim	ich kann (grundsätzlich) schreiben
yazabileceğim	ich werde schreiben können
yazabildim	ich habe schreiben können

konuşabiliyorum	ich kann (jetzt) sprechen
konuşabilirim	ich kann (grundsätzlich) sprechen
konuşabileceğim	ich werde sprechen können
konuşabildim	ich habe sprechen können

Verneint man die Konverbform, entsteht die Bedeutung *es kann sein, dass nicht* ...:

Gelmeyebilirim.	Es kann sein, dass ich nicht komme.

14. Der Impossibilitiv

Um *nicht können* auszudrücken, wird die Konverbform auf **-(y)e** wie ein Verbstamm behandelt und in ihrer verneinten Form konjugiert. (Möglicherweise geht diese Form auf eine Verbalkomposition des Konverbs mit dem verneinten alttürkischen Verb **umak** *können* zurück: **gele-umamak** *nicht kommen können*.)

gelemiyorum	ich kann (jetzt) nicht kommen
gelemem	ich kann nicht kommen
gelemeyeceğim	ich werde nicht kommen können
gelemedim	ich habe nicht kommen können

Die Formen der anderen Vokalgruppen lauten:

göremiyorum	ich kann (jetzt) nicht sehen
göremem	ich kann nicht sehen
göremeyeceğim	ich werde nicht sehen können
göremedim	ich habe nicht sehen können

yazamıyorum	ich kann (jetzt) nicht schreiben
yazamam	ich kann nicht schreiben
yazamayacağım	ich werde nicht schreiben können
yazamadım	ich habe nicht schreiben können

konuşamıyorum	ich kann (jetzt) nicht sprechen
konuşamam	ich kann nicht sprechen
konuşamayacağım	ich werde nicht sprechen können
konuşamadım	ich habe nicht sprechen können

Besonders wichtig ist es hier, auf die **Betonung** (vgl. S. 44) zu achten, um den Unterschied zur einfachen verneinten Form deutlich zu machen:

gélmiyorum	ich komme nicht
gelémiyorum	ich kann nicht kommen

15. Mit **idi** zusammengesetzte Formen

Setzt man anstelle der sonst meist verwendeten präsentischen Personalendungen die Formen von **idi** (vgl. S. 36) an die einfachen Zeiten und Modi eines Vollverbs, erhält man folgende Bedeutungen:

	ich war einer, der ...	
geliyor**dum**	... kommt	= ich kam
gelir**dim**	... kommt	= ich kam (gewöhnlich), ich käme
gelecek**tim**	... kommen wird	= ich hatte vor zu kommen
geldiy**dim**	... gekommen ist	= ich war (ganz sicher) gekommen
gelmiş**tim**	... wohl gekommen ist	= ich war (doch wohl) gekommen
gelmeliy**dim**	... kommen sollte	= ich hätte kommen sollen

Die Formen der anderen Vokalgruppen lauten:

görüyordum	ich sah
görürdüm	ich sah, ich sähe
görecektim	ich hatte vor zu sehen
gördüydüm	ich hatte (ganz sicher) gesehen
görmüştüm	ich hatte (doch wohl) gesehen
görmeliydim	ich hätte sehen sollten

yazıyordum	ich schrieb
yazardım	ich schrieb, ich schriebe
yazacaktım	ich hatte vor zu schreiben
yazdıydım	ich hatte (ganz sicher) geschrieben
yazmıştım	ich hatte (doch wohl) geschrieben
yazmalıydım	ich hätte schreiben sollten

konuşuyordum	ich sprach
konuşurdum	ich sprach, ich spräche
konuşacaktım	ich hatte vor zu sprechen
konuştuydum	ich hatte (ganz sicher) gesprochen
konuşmuştum	ich hatte (doch wohl) gesprochen
konuşmalıydım	ich hätte sprechen sollten

16. Mit **imiş** zusammengesetzte Formen

Durch Anfügen der Formen von **imiş** (vgl. S. 38) erhalten die einfachen Zeiten und Modi des Vollverbs eine Unbestimmtheitskomponente. In der Praxis gehen jedoch nicht alle Zeiten diese Verbindung ein:

	ich bin wohl einer, der ...	
geliyor**muşum**	... kommt	= es heißt, ich komme
gelir**mişim**	... kommt	= es heißt, ich komme gewöhnlich
gelecek**mişim**	... kommen wird	= es heißt, ich werde kommen

Die Formen der anderen Vokalgruppen lauten:

görüyormuşum	es heißt, ich sehe
görürmüşüm	es heißt, ich sehe gewöhnlich
görecekmişim	es heißt, ich werde sehen

yazıyormuşum	es heißt, ich schreibe
yazarmışım	es heißt, ich schreibe gewöhnlich
yazacakmışım	es heißt, ich werde schreiben

konuşuyormuşum	es heißt, ich spreche
konuşurmuşum	es heißt, ich spreche gewöhnlich
konuşacakmışım	es heißt, ich werde sprechen

17. Mit Bildungen von **olmak** zusammengesetzte Formen

Das Türkische besitzt eine Reihe weiterer zusammengesetzter Verbformen, denn es ist möglich, alle diejenigen Bildungen von **olmak**, in denen es das Hilfsverbs *sein* vertritt, an das Partizip von Perfekt oder Futur, gelegentlich auch den Lokativ des Infinitivs auf **-mek** eines Vollverbs, anzuschließen (vgl. die Übersicht über die türkischen Verbformen im Anhang, S. 104 f.).

So werden zur Bildung des Futur II die Formen **olur** oder **olacak** hinter das Partizip Perfekt des Vollverbs (vgl. S. 79) gestellt:

Hasan gelmiş olur.	Hasan wird wohl gekommen sein.
Hasan gelmiş olacak.	Hasan wird (sicher) gekommen sein.

18. Der potentiale Konditional

Zur Bildung von konditionalen Verbformen besitzt das Türkische ein eigenes Themasuffix **-se**, an das sich die gleichen Endungen wie beim Perfekt
anschließen. Folgen diese sog. konditionalen Personalendungen direkt auf
den Verbstamm, entsteht ein potentialer Konditional. Dabei liegt die Betonung auf dem Verbstamm:

Verbstamm	Negation	Konditionale Personalendungen
gel-	-me	-sem
		-sen
		-se
		-sek
		-seniz
		-seler

gelsem	falls ich kommen sollte
gelsen	falls du kommen solltest
gelse	falls er/sie kommen sollte
gelsek	falls wir kommen sollten
gelseniz	falls ihr kommen solltet
gelseler	falls sie kommen sollten

gelmesem	falls ich nicht kommen sollte
gelmesen	falls du nicht kommen solltest
gelmese	falls er/sie nicht kommen sollte
gelmesek	falls wir nicht kommen sollten
gelmeseniz	falls ihr nicht kommen solltet
gelmeseler	falls sie nicht kommen sollten

Vorzeitigkeit und Nachzeitigkeit des potentialen Konditionals werden zum
Ausdruck gebracht, indem man den potentialen Konditional von **olmak** hinter die Partizipien von Perfekt bzw. Futur des Vollverbs stellt:

gelmiş olsam	falls ich gekommen sein sollte
gelecek olsam	falls ich kommen werde

Die Formen der anderen Vokalgruppen lauten:

görsem	falls ich sehen sollte
görmüş olsam	falls ich gesehen haben sollte
görecek olsam	falls ich sehen werde

yazsam	falls ich schreiben sollte
yazmış olsam	falls ich geschrieben haben sollte
yazacak olsam	falls ich schreiben werde

konuşsam	falls ich sprechen sollte
konuşmuş olsam	falls ich gesprochen haben sollte
konuşacak olsam	falls ich sprechen werde

Die konditionalen Verbformen dienen vor allem zur Bildung von konditionalen Nebensätzen:

Fatma gelse beraber çıkarız.	Falls Fatma kommen sollte, gehen wir zusammen aus.

Sie können jedoch auch als finite Verbformen dienen. Bleibt z.B. der Hauptsatz unausgesprochen, bringt man einen Wunsch zum Ausdruck:

Keşke Fatma gelse!	Wenn Fatma doch nur käme!

Setzt man die 1. Personen in die Frageform, entsteht eine unentschlossene Frage:

Beklesem mi?	Ob ich warten sollte?
Çay içsek mi?	Ob wir Tee trinken sollten?

Durch Anfügung von **-e** an die 2. Personen entsteht eine ungeduldige Aufforderung:

Gelsene!	Wenn du vielleicht einmal kommen würdest!
Otursanıza!	Wenn ihr euch vielleicht einmal hinsetzen wolltet!

19. Der reale Konditional

Der reale Konditional des Vollverbs entsteht durch Anfügung der Formen von **ise** (vgl. S. 40) an die einfachen Zeiten und Modi:

	wenn ich jemand bin, der ...	
geliyor**sam**	... kommt	= wenn ich jetzt komme
gelir**sem**	... kommt	= wenn ich komme
gelecek**sem**	... kommen wird	= wenn ich kommen werde
geldi**ysem**	... gekommen ist	= wenn ich gekommen bin

Vorzeitigkeit und Nachzeitigkeit des realen Konditionals können zusätzlich zum Ausdruck gebracht werden, indem man den realen Konditional von **olmak** hinter die Partizipien von Perfekt bzw. Futur des Vollverbs stellt:

gelmiş olursam	wenn ich gekommen bin
gelecek olursam	wenn ich kommen werde

Die Formen der anderen Vokalgruppen lauten:

görürsem	wenn ich sehe
görmüş olursam	wenn ich gesehen habe
görecek olursam	wenn ich sehen werde

yazarsam	wenn ich schreibe
yazmış olursam	wenn ich geschrieben habe
yazacak olursam	wenn ich schreiben werde

konuşursam	wenn ich spreche
konuşmuş olursam	wenn ich gesprochen habe
konuşacak olursam	wenn ich sprechen werde

Fatma gelirse çıkarız.	Wenn Fatma kommt, gehen wir aus.

Verallgemeinernde Relativsätze, die im Deutschen durch Fragewörter eingeleitet werden, verwenden im Türkischen eine konditionale Verbform:

Nasıl ister**sen**.	**Wie** du willst.

20. Der irreale Konditional

Zur Bildung des irrealen Konditionals fügt man die Formen von **idi** an die Grundform des potentialen Konditionals. Vorzeitigkeit und Nachzeitigkeit werden zum Ausdruck gebracht, indem man den irrealen Konditional von **olmak** hinter die Partizipien von Perfekt bzw. Futur des Vollverbs stellt:

gelseydim	wenn ich käme
gelmiş olsaydım	wenn ich gekommen wäre
gelecek olsaydım	wenn ich hätte kommen wollen

In der Umgangssprache wird häufig auch der potentiale Konditional für den Irreal verwendet (vgl. S. 66). Die oben zuerst genannte einfache Form dient dann zum Ausdruck der Vorzeitigkeit:

gelsem	wenn ich käme
gelseydim	wenn ich gekommen wäre

Die Formen der anderen Vokalgruppen lauten:

görseydim	wenn ich sähe/gesehen hätte
görmüş olsaydım	wenn ich gesehen hätte
görecek olsaydım	wenn ich hätte sehen wollen

yazsaydım	wenn ich schriebe/geschrieben hätte
yazmış olsaydım	wenn ich geschrieben hätte
yazacak olsaydım	wenn ich hätte schreiben wollen

konuşsaydım	wenn ich spräche/gesprochen hätte
konuşmuş olsaydım	wenn ich gesprochen hätte
konuşacak olsaydım	wenn ich hätte sprechen wollen

Wie die Konditionalform selbst, wird auch das Prädikat des Hauptsatzes um **idi** erweitert:

Fatma gelseydi çıka**rdık**.	Wenn Fatma käme, gingen wir aus. Wenn Fatma gekommen wäre, wären wir ausgegangen.

IX. Infinitive und Partizipien (Verbalnomina)

1. Der Infinitiv auf -mek

Der Infinitiv auf **-mek** drückt eine Tätigkeit in ihrer allgemeinen und personenunabhängigen Bedeutung aus und entspricht im Wesentlichen dem deutschen Infinitiv mit *zu*. Je nachdem, welchen Kasus das folgende Verb regiert, kann er wie ein Substantiv dekliniert und im Zusammenhang mit Postpositionen verwendet werden. Bei der Schreibung ist das **k** des Infinitivs, das vor dem vokalisch anlautenden Dativ- und Akkusativsuffix zu **ğ** erweicht wird, inzwischen fast durchweg zu **y** geworden:

Infinitiv	Kasus	
gel**mek**	---	Nominativ
	entfällt	Genitiv
	-e	Dativ
	-i	Akkusativ
	-te	Lokativ
	-ten	Ablativ

Çok içmek lazım.	Es ist nötig, viel **zu** trinken.
Türkçe öğrenmek zor değil.	Es ist nicht schwierig, Türkisch **zu** lernen.
Kitap okumak hoşuma gidiyor.	Es gefällt mir, Bücher **zu** lesen.

Bei den Verben **alışmak** *sich gewöhnen*, **başlamak** *anfangen*, **çalışmak** *darauf hinarbeiten, sich bemühen*, **değmek** *wert sein, lohnen*, **devam etmek** *fortfahren*, **gitmek** *gehen*, **hazır olmak** *bereit sein*, **kalkmak** *sich anschicken*, **karar vermek** *beschließen*, **mecbur olmak** *gezwungen sein* steht der Infinitiv im Dativ:

Gülmeğe/gülmeye başladık.	Wir haben angefangen, **zu** lachen.
Erken kalkmaya alıştık.	Wir haben uns daran gewöhnt, früh auf**zu**stehen.

Bei den Verben **denemek** *versuchen*, **düşünmek** *daran denken*, **öğrenmek** *lernen*, **planlamak** *planen*, **reddetmek** *ablehnen*, **sevmek** *lieben, mögen*, **tercih etmek** *bevorzugen*, **unutmak** *vergessen* steht der Infinitiv im Akkusativ:

Burada kalmayı düşünüyorum.	Ich denke daran, hier **zu** bleiben.
Ekmek almayı unuttum.	Ich habe vergessen, Brot **zu** holen.

Der Lokativ des Infinitivs drückt eine Handlung aus, die sich gerade im Augenblick oder mit zeitlichen Unterbrechungen in der Gegenwart ereignet:

Yeni bir iş aramaktayım.	Ich bin dabei, eine neue Arbeit **zu** suchen.

Bei den Verben **bıkmak** *überdrüssig sein*, **çekinmek** *sich genieren*, **korkmak** *sich fürchten*, **vazgeçmek** *verzichten*, **yorulmak** *müde werden* steht der Infinitiv im Ablativ:

Uçakla gitmekten korkma!	Habe keine Angst davor, (mit dem Flugzeug) **zu** fliegen!

Verbunden mit der Postposition **için** *für* entsteht ein Finalsatz, der im Deutschen mit **um zu** wiedergegeben wird:

Et almak için kasaba gidiyorum.	Ich gehe zum Metzger, **um** Fleisch **zu** kaufen.

Der Infinitiv auf **-mek** kann zwar nicht in den Genitiv gesetzt werden, dennoch ist es möglich, ihn in eine unvollständige Genitiv-Possessiv-Konstruktion einzubinden:

Türkçe öğrenmek niyetindeyim.	Ich bin in der Türkischlernens-Absicht = ich habe die Absicht, Türkisch **zu** lernen.

2. Das Verbalnomen auf -me

Im Gegensatz zum Infinitiv auf **-mek** drückt das Verbalnomen auf **-me** eine konkrete, personenbezogene Handlung aus, die in der Gegenwart liegt, jedoch meist erst im unmittelbaren Anschluss an die gemachte Äußerung erfolgt. Die jeweils handelnden Personen werden durch die Possessivsuffixe zum Ausdruck gebracht. Im Deutschen steht entweder der substantivierte Infinitiv oder eine Nebensatzkonstruktion „die Tatsache, dass":

Verbalnomen	Possessive	Kasus
gel**me**	-m	---
	-n	-(n)in
	-si	-(n)e
	-miz	-(n)i
	-niz	-(n)de
	-leri	-(n)den

Çok içmem lazım.	Mein viel Trinken ist nötig/ es ist nötig, **dass** ich viel trinke = ich muss viel trinken.
Çağırmanızın ne faydası var?	Was für einen Nutzen hat euer Rufen = wozu soll es nützen, **dass** ihr ruft?
Ali'nin bir şey yemesine dikkat et!	Achte auf Alis etwas Essen = achte darauf, **dass** Ali etwas isst!
Fatma beklememizi söyledi.	Fatma hat unser Warten gesagt = Fatma hat gesagt, **dass** wir warten sollen.
Gelmeni ümit ediyorum/umuyorum.	Ich erhoffe dein Kommen = ich hoffe, **dass** du kommst.
Ağrının geçmesi için ilaç al!	Nimm für das Vorbeigehen des Schmerzes ein Medikament = nimm ein Medikament, **damit** der Schmerz vorbeigeht!
Çok çalışmamıza rağmen iş daha bitmedi.	Trotz unseres vielen Arbeitens ist die Arbeit noch nicht fertig = **obwohl** wir viel arbeiten, ist die Arbeit noch nicht fertig.

Mit Hilfe der Postposition **önce** (vgl. S. 33) entstehen Temporalsätze, die im Deutschen mit *bevor* beginnen. Hierbei bleibt das Verbalnomen **ohne Possessivsuffix**:

Evden çıkmadan önce kahvaltı edelim!	Lasst uns vor dem aus dem Haus-Gehen frühstücken = lasst uns frühstücken, **bevor** wir aus dem Haus gehen!

Ist das Subjekt der Nebenhandlung ein anderes als das der Haupthandlung, wird es zusätzlich an den Satzanfang gestellt. Soll eine Zeitangabe hinzugefügt werden, tritt diese zwischen Verbalnomen und Postposition:

Siz evden çıkmadan yarım saat önce kahvaltı edelim!	Lasst uns eine halbe Stunde, bevor ihr aus dem Haus geht, frühstücken!

Der Possibilitiv/Impossibilitiv (vgl. S. 62 und 63) drückt aus, dass man in einer konkreten Situation in der Lage bzw. nicht in der Lage ist, etwas zu tun. Die erlernte bzw. nicht erlernte Fähigkeit wird entweder durch den Infinitiv auf **-mek** oder dadurch zum Ausdruck gebracht, dass man das Verbalnomen auf **-me** mit Hilfe des Possessivsuffixes der 3. Person als Handlung abstrahiert:

Araba kullanmasını biliyor musun?	Kannst du Auto fahren?
Araba kullanmasını bilmiyorum.	Ich kann nicht Auto fahren.

Schließlich sind auf der Basis dieses Verbalnomens eine Reihe reiner Substantive entstanden, die auch den unbestimmten Artikel erhalten und in den Plural gesetzt werden können:

Konuşmalarınız nasıl geçti?	Wie sind eure Gespräche verlaufen?

3. Das substantivische Verbalnomen auf **-dik**

Das Verbalnomen auf **-dik** hat sowohl Perfekt- als auch Präsensbedeutung, da hier im Gegensatz zum Verbalnomen auf **-me** die beschriebene Handlung bereits eingesetzt hat. Ob sie bereits abgeschlossen ist (Perfektbedeutung) oder noch andauert (Präsensbedeutung), ergibt sich aus dem Zusammenhang:

Verbalnomen	Possessive	Kasus
gel**dik**	-im	---
	-in	-(n)in
	-i	-(n)e
	-imiz	-(n)i
	-iniz	-(n)de
	-leri	-(n)den

Söylediğin doğru değil.	Dein Gesagtes ist nicht richtig = was du gesagt hast/sagst, ist nicht richtig.
Geldiğinize memnunum.	Ich freue mich über euer Kommen = ich freue mich, **dass** ihr gekommen seid.
Türkçe öğrendiğimi biliyor musun?	Weißt du mein Türkischlernen = weißt du, **dass** ich Türkisch lerne?
Eve geldiğimizde kimse yoktu.	Bei unserem nach Hause-Kommen war niemand da = **als** wir nach Hause gekommen sind, war niemand da.
Çalıştığımdan gelemedim. (vgl. neden?) Çalıştığım için gelemedim. (vgl. niçin?)	Wegen meines Arbeitens habe ich nicht kommen können = ich habe nicht kommen können, **weil** ich gearbeitet habe.
Bu iş Ali'nin düşündüğü gibi değil.	Die Sache ist nicht wie Alis Denken = die Sache ist nicht **wie** Ali denkt.
İstediğin kadar al! (vgl. ne kadar?)	Nimm so viel wie dein Wollen = nimm so viel (**wie**) du willst!

Öğretmeninizin söylediğine göre çok çalışkansınız.	Gemäß dem Gesagten eures Lehrers seid ihr sehr fleißig = nach dem, was euer Lehrer sagt, seid ihr sehr fleißig.
Türkçe öğrendiğimden beri sık sık Türkiye'ye gidiyorum.	Seit meinem Türkischlernen fahre ich häufig in die Türkei = **seit** ich Türkisch lerne, fahre ich häufig in die Türkei.

Auf die gleiche Art werden Sätze wiedergegeben, die deutschen indirekten Fragesätzen entsprechen:

Ne yaptığımı biliyor musun?	Weißt du mein was Gemacht-Haben = weißt du, **was** ich gemacht habe?
Ali'nin gelip gelmediğini biliyor musun?	Weißt du Alis gekommen (oder) nicht gekommen Sein = weißt du, **ob** Ali gekommen ist?

Mit Hilfe der Postposition **sonra** (vgl. S. 33) entstehen Temporalsätze, die im Deutschen mit *nachdem* beginnen. Hierbei bleibt das Verbalnomen **ohne Possessivsuffix**:

Kahvaltı ettikten sonra gidelim!	Lasst uns gehen, **nachdem** wir ge- frühstückt haben!

Ist das Subjekt der Nebenhandlung ein anderes als das der Haupthandlung, wird es zusätzlich an den Satzanfang gestellt. Soll eine Zeitangabe hinzuge- fügt werden, tritt diese zwischen Verbalnomen und Postposition:

Siz kahvaltı ettikten hemen sonra gidelim!	Lasst uns sofort nachdem ihr ge- frühstückt habt, gehen!

Um zwischen Präsens- und Perfektbedeutung zu differenzieren, wird **olduk** hinter den Lokativ des Infinitivs auf **-mek** bzw. hinter das Partizip Perfekt des Vollverbs (vgl. S. 79) gestellt:

Yeni bir iş aramakta olduğumu bil- miyor musun?	Weißt du nicht, dass ich dabei bin, eine neue Arbeit zu suchen?
Yeni bir iş aramış olduğumu hatırla- mıyor musun?	Erinnerst du dich nicht daran, dass ich eine neue Arbeit gesucht hatte?

4. Das attributive Verbalnomen auf -dik

Attributiv und damit nicht mehr deklinierbar vor ein Substantiv gestellt wird das Verbalnomen auf **-dik** verwendet, um Tätigkeiten auszudrücken, für die das Deutsche Relativsätze benutzt, bei denen das Relativpronomen in allen Kasus außer dem Nominativ steht. Das Subjekt der Nebenhandlung wird durch die Possessivsuffixe zum Ausdruck gebracht. Welchen Kasus ein Verb regiert, bleibt dabei unberücksichtigt:

Beklediğim öğrenci hangisi?	Welches ist der Schüler, auf den ich gewartet habe/warte?

Steht vor dem Verbalnomen ein Substantiv mit dem Possessivsuffix der 3. Person sowie dem Kasus, den das jeweilige Verb regiert, bezieht sich das Verbalnomen auf dieses Wort:

Babasını beklediğim öğrenci hangisi?	Welches ist der Schüler, auf dessen Vater ich gewartet habe?

Verbunden mit **zaman** *die Zeit* oder einem anderen Zeitbegriff entstehen Temporalsätze, die im Deutschen durch *als* eingeleitet werden:

İlk Türkiye'ye gittiğim zaman yirmi yaşındaydım. (vgl. ne zaman?)	Als ich das erste Mal in die Türkei gefahren bin, war ich zwanzig Jahre alt.

Verbunden mit **halde** *im Zustand* entstehen Konzessivsätze, die im Deutschen mit *obwohl* beginnen:

Hasta olduğum halde derse gittim.	Obwohl ich krank war/bin, bin ich zum Unterricht gegangen.

Verbunden mit **takdirde** *im Falle* entsteht ein Konditionalsatz, der im Deutschen durch *für den den Fall, dass* eingeleitet wird:

Vaktiniz olmadığı takdirde haber verin!	Geben Sie Nachricht für den Fall, dass Sie keine Zeit haben sollten!

5. Das Verbalnomen auf -(y)ecek

Das Verbalnomen auf **-(y)ecek** ist die futurische Entsprechung des Verbalnomens auf **-dik**, d.h. die beschriebene Handlung setzt in der Zukunft ein:

Verbalnomen	Possessive	Kasus
gel**ecek**	-im	---
	-in	-(n)in
	-i	-(n)e
	-imiz	-(n)i
	-iniz	-(n)de
	-leri	-(n)den

Geleceğinize çok memnunum.	Ich freue mich sehr, dass ihr kommen werdet.
Türkiye'ye gideceğimi biliyor musun?	Weißt du, dass ich in die Türkei fahren werde?
Çalışacağım için gelemeyeceğim.	Ich werde nicht kommen können, weil ich arbeiten werde.

Ne yapacağımı bilmiyorum.	Ich weiß nicht, was ich machen werde/soll.
Ali'nin gelip gelmeyeceğini biliyor musun?	Weißt du, ob Ali kommen wird?

Bekleyeceğim öğrenci hangisi?	Welches ist der Schüler, auf den ich warten werde/soll?
Babasını bekleyeceğim öğrenci hangisi?	Welches ist der Schüler, auf dessen Vater ich warten werde/soll?

Darüber hinaus werden Modalsätze zum Ausdruck gebracht, die im Deutschen mit *statt zu* beginnen, indem man entweder das Verbalnomen in den Dativ setzt oder es im Nominativ belässt und **yerde** *anstelle* hinzufügt:

Evde kalacağımıza gezmeye gittik. Evde kalacağımız yerde gezmeye gittik.	Statt zu Hause zu bleiben, sind wir spazieren gegangen.

6. Das Partizip Präsens

Die türkischen Partizipien dienen dazu, Tätigkeiten auszudrücken, für die das Deutsche Relativsätze benutzt, bei denen das Relativpronomen im Nominativ oder auch Genitiv steht.

Das Suffix zur Bildung des Partizip Präsens, das im übrigen zeitlich indifferent ist und sich insofern an die Haupthandlung anpasst, lautet **-(y)en**. Die Betonung liegt auf dem Suffix:

Bizi bekleyen öğrenci hangisi?	Welches ist der auf uns wartende Schüler = welches ist der Schüler, der auf uns wartet?
Bizi bekleyen öğrenciyi tanıyor musun?	Kennst du den auf uns wartenden Schüler = kennst du den Schüler, der auf uns wartet?

Steht im Türkischen vor der Partizipialform ein Substantiv mit dem Possessivsuffix der 3. Person, bezieht sich das Partizip auf dieses Wort. Bei der Übersetzung ins Deutsche wird das Relativpronomen in den **Genitiv** gesetzt:

Babası bizi bekleyen öğrenci hangisi?	Welches ist der Schüler, **dessen Vater** auf uns wartet?

Das Partizip kann auch als Substantiv verwendet werden:

Almanca bilen var mı?	Gibt es jemanden, der Deutsch kann?

Neben dem hier beschriebenen Partizip, das eine konkrete Situation wiedergibt, tritt gelegentlich auch die Grundform des 2. Präsens als Partizip auf, wenn es darum geht, eine Eigenschaft auszudrücken:

babasına benzer bir çocuk	ein Kind, das seinem Vater ähnelt
yazar	Schriftsteller
düşünür	Denker

7. Das Partizip Perfekt

Das Partizip Perfekt ist mit der Grundform des unbestimmten Perfekt identisch; die wiedergegebene Handlung liegt zeitlich vor der Haupthandlung:

Ist das Subjekt unbestimmt, steht das Partizip für sich allein; handelt es sich um ein bestimmtes Subjekt, stellt man **olan** hinter das Partizip:

| bizi beklemiş bir öğrenci | ein Schüler, der auf uns gewartet hat |
| bizi beklemiş **olan** öğrenci | **der** Schüler, der auf uns gewartet hat |

| Bizi beklemiş olan öğrenci hangisi? | Welches ist der Schüler, der auf uns gewartet hat? |
| Babası bizi beklemiş olan öğrenci hangisi? | Welches ist der Schüler, dessen Vater auf uns gewartet hat? |

8. Das Partizip Futur

Das Partizip Futur ist mit der Grundform des Futur identisch; die wiedergegebene Handlung liegt zeitlich später als die Haupthandlung.

Ist das Subjekt unbestimmt, steht das Partizip für sich allein; handelt es sich um ein bestimmtes Subjekt, stellt man **olan** hinter das Partizip:

| bizi bekleyecek bir öğrenci | ein Schüler, der auf uns warten wird |
| bizi bekleyecek **olan** öğrenci | **der** Schüler, der auf uns warten wird |

| Bizi bekleyecek olan öğrenci hangisi? | Welches ist der Schüler, der auf uns warten wird? |
| Babası bizi bekleyecek olan öğrenci hangisi? | Welches ist der Schüler, dessen Vater auf uns warten wird? |

X. Konverbien

Konverbien sind Verbformen, die dadurch entstehen, dass man an den Stamm eines Verbs ein bestimmtes Suffix anfügt und sie dann nicht weiter dekliniert oder konjugiert. Zeitpunkt sowie Subjekt der auf diese Art wiedergegebenen Handlung werden daher erst aus einer folgenden Verbform deutlich. Durch diese Art von Verbformen werden – ausgenommen das Konverb auf **-(y)ip** – Sachverhalte wiedergegeben, die deutschen Adverbialsätzen – Temporalsätzen, Kausalsätzen, Modalsätzen, Finalsätzen, Adversativsätzen – entsprechen (vgl. die Übersicht über die deutschen Nebensätze und ihre türkischen Entsprechungen im Anhang, S. 106).

1. Das Konverb auf -(y)ip

Dieses Konverb wird eingesetzt, um bei aufeinanderfolgenden Handlungen die Wiederholung gleicher Suffixe zu vermeiden. Die Betonung liegt auf dem Suffix:

Kalk**acağım** ve duş alacağım. Kalk**ıp** duş alacağım.	Ich werde aufstehen und duschen.

Ist die 2. Handlung verneint, bewirkt dies automatisch auch eine Verneinung der durch das Konverb ausgedrückten 1. Handlung:

Daha kalkıp duş almadınız mı?	Seid ihr noch nicht aufgestanden und habt geduscht?

Soll die durch das Konverb ausgedrückte 1. Handlung in ihrer Bedeutung bejaht bleiben, wird ihr die Partikel **de**, **da** nachgestellt:

Kalkıp **da** duş almadık.	Wir sind aufgestanden und haben (aber) nicht geduscht.

2. Die Konverbien auf -meden und -meksizin

Beide Konverbien dienen der Wiedergabe von Modalsätzen, die im Deutschen mit *ohne zu* beginnen. Ein geringfügiger Unterschied besteht darin, dass -meden mit *ohne zuvor zu ...* und -meksizin mit *ohne gleichzeitig zu ...* zu übersetzen wäre. Dieser Bedeutungsunterschied wird in der Umgangssprache jedoch wenig beachtet und -meden allgemein bevorzugt. Die Betonung liegt auf -medén bzw. -méksizin:

Sağa sola bak**madan** yolu geçme!	Gehe nicht über die Straße, ohne **zuvor** nach rechts und links geschaut zu haben!
Sağa sola bak**maksızın** yolu geçme!	Gehe nicht über die Straße, ohne **dabei** nach rechts und links zu schauen!

Die Form **durmadan** *ohne anzuhalten* entspricht den deutschen Ausdrücken *ununterbrochen, andauernd, pausenlos, fortwährend*:

Öğretmenimiz durmadan konuşuyor.	Unser Lehrer redet ununterbrochen.

3. Das Konverb auf -mektense

Dieses Konverb ist der Ablativ des Infinitivs auf -mek, erweitert um ein konditionales -se. Mit seiner Hilfe werden – ähnlich den Adjektiven (vgl. S. 17) – Tätigkeiten verglichen. Die Betonung liegt auf -mekténse:

Evde kalmaktansa gezmeye gitmek daha iyi.	Es ist besser, spazieren zu gehen, als zu Hause zu bleiben.

Auf die gleiche Art bringt das Türkische Sätze zum Ausdruck, die im Deutschen mit *statt zu* beginnen:

Evde kalmaktansa gezmeye gittik.	Statt zu Hause zu bleiben, sind wir spazieren gegangen.

4. Das Konverb auf -(y)ince

Durch dieses Konverb werden Temporalsätze wiedergegeben, die im Deutschen mit *wenn, sobald, als* beginnen. Die Betonung liegt auf -(y)**ínce**:

Eve gelince bir şey ye!	Iss etwas, **wenn** du nach Hause kommst!
Eve gelince bir şey yiyeceğim.	Ich werde etwas essen, **sobald** ich nach Hause komme.
Eve gelince bir şey yedin mi?	Hast du etwas gegessen, **als** du nach Hause gekommen bist?

Ist das Subjekt der Nebenhandlung ein anderes als das der Haupthandlung, wird es zusätzlich an den Satzanfang gestellt:

Çocuklar eve gelince bir şey yeriz.	Wenn/sobald **die Kinder** nach Hause kommen, essen **wir** etwas.

Auch ist es möglich, die Konverbform zu verneinen:

Sen gelmeyince yemeğe başlamayacağız.	Ehe du nicht kommst, werden wir nicht mit dem Essen anfangen.
Sen gelmeyince yemeğe başladık.	Als du nicht gekommen bist, haben wir mit dem Essen angefangen.

Hinter den Dativ eines Nomens gestellt erhält die Formn **gelince** die Bedeutung *was ... anbelangt*:

Çocuklara gelince endişeye sebep yok.	Was die Kinder anbelangt, besteht kein Grund zur Sorge.

Darüber hinaus kann das Konverb auf -(y)**ince** – an und für sich regelwidrig – in den Dativ gesetzt und mit der Postposition **kadar** verbunden werden; auf diese Weise entstehen Temporalsätze, die im Deutschen durch *bis* eingeleitet werden:

Çocuklar eve gelinceye kadar bekleyelim.	Lasst uns warten, **bis** die Kinder nach Hause kommen.

5. Das Konverb auf -dikçe

Dieses Konverb dient der Wiedergabe von Temporalsätzen, die im Deutschen mit *sooft, solange* beginnen, wie auch von Modalsätzen, die mit *in dem Maße wie, soweit, je ... desto* wiedergegeben werden. Die Betonung liegt auf **-díkçe**:

Fırsat buldukça seni ararım.	Ich rufe dich an, **sooft** ich Gelegenheit finde.
Çalıştıkça rahatsız olmak istemiyorum.	Ich will nicht gestört werden, **solange** ich arbeite.
Türkçeyi öğrendikçe İtalyancayı unuttum.	**In dem Maße**, wie ich Türkisch gelernt habe, habe ich das Italienische vergessen.
Evler büsbütün yıkılmadıkça tamir edilecek.	**Soweit** die Häuser nicht vollständig eingestürzt sind, werden sie repariert werden.
Yaşlandıkça rahatlanırım.	**Je** älter ich werde, **desto** ruhiger werde ich.

Ist das Subjekt der Nebenhandlung ein anderes als das der Haupthandlung, wird es zusätzlich an den Satzanfang gestellt:

Misafirimiz uyudukça gürültü yapmayalım.	Lasst uns keinen Lärm machen, solange unser Gast schläft.

Auch ist es möglich, die Konverbform zu verneinen:

Bu işi bitirmedikçe evden çıkmak istemiyorum.	Ich will nicht aus dem Haus gehen, solange ich diese Arbeit nicht beendet habe.

Zwei feststehende Begriffe sind darüber hinaus **oldukça** *ziemlich* und **gittikçe** *zusehends*:

Eviniz oldukça büyük.	Euer Haus ist ziemlich groß.
Hava gittikçe iyileşiyor.	Das Wetter wird zusehends besser.

6. Das Konverb auf -(y)eli

Durch dieses Konverb werden Temporalsätze wiedergegeben, die im Deutschen durch *seit* eingeleitet werden. Die Betonung liegt auf **-(y)éli**:

Türkçe öğreneli sık sık Türkiye'ye gidiyorum.	Seit ich Türkisch lerne, fahre ich häufig in die Türkei.

Ist das Subjekt der Nebenhandlung ein anderes als das der Haupthandlung, wird es zusätzlich an den Satzanfang gestellt:

Annem hasta olalı izine gitmedim.	Seit meine Mutter krank ist, bin ich nicht (mehr) in Urlaub gefahren.

Auch ist es möglich, die Konverbform zu verneinen:

Şehirde oturmayalı tiyatroya gitmiyoruz.	Seit wir nicht (mehr) in der Stadt wohnen, gehen wir nicht (mehr) ins Theater.

Häufig bildet eine Zeitangabe den Hauptsatz. Bleibt in einem solchen Fall das Subjekt der Nebenhandlung ungenannt, handelt es sich im allgemeinen um die 1. Person:

Almanya'ya geleli kırk yıl geçti.	Seit ich nach Deutschland gekommen bin, sind vierzig Jahre vergangen.
Almanya'ya geleli kırk yıl oldu.	Es ist vierzig Jahre her, dass ich nach Deutschland gekommen bin.

Bisweilen wird jedoch auch die entsprechende Person im Perfekt vor die Konverbform gestellt:

Almanya'ya geldim geleli kırk yıl oldu.	Es ist vierzig Jahre her, dass ich nach Deutschland gekommen bin.

7. Das Konverb auf **-(y)erek**

Dieses Konverb dient der Wiedergabe von Modalsätzen, die im Deutschen durch *indem, wobei, dadurch dass* eingeleitet oder auch durch ein adverbiales Partizip ausgedrückt werden. Die Betonung liegt auf **-(y)erék**:

Spor yaparak üç kilo verdim.	Indem ich Sport getrieben habe, habe ich drei Kilo abgenommen.
Çocuk gülerek bahçeye koştu.	Das Kind ist lachend in den Garten gelaufen.

Eine häufig gebrauchte Form ist **olarak** in der Bedeutung *als*:

Öğretmen olarak çalışıyorum.	Ich arbeite, indem ich Lehrer bin = ich arbeite **als** Lehrer.

8. Das Konverb auf **-(y)e**

Ähnlich dem Konverb auf **-(y)erek** dient auch dieses Konverb der Wiedergabe von Modalsätzen, die im Deutschen durch *indem, wobei, dadurch dass* eingeleitet werden. Meist tritt es in verdoppelter Form auf, so dass die Nebenhandlung intensiviert wird zu *indem immer wieder, wobei immerzu, dadurch dass ständig*. Die Betonung liegt auf **-(y)é**:

Spor yapa yapa on kilo verdim.	Dadurch dass ich ständig Sport getrieben habe, habe ich zehn Kilo abgenommen.
Çocuk güle güle bahçeye koştu.	Das Kind ist immerzu lachend in den Garten gelaufen.

Konbverbien auf **-(y)e** sind auch die beiden im Zusammenhang mit den restlichen Uhrzeiten verwendeten Formen **geçe** und **kala** (vgl. S. 26):

Saat bire beş kala yemek var.	Es gibt Essen, indem bis ein Uhr fünf (Minuten) bleiben = um fünf vor eins gibt es Essen.
Saat biri beş geçe yemek var.	Es gibt Essen, indem an ein Uhr fünf (Minuten) vorbeigehen = um fünf nach eins gibt es Essen.

9. Die Form **diye**

Am häufigsten tritt das Konverb auf **-(y)e**, und zwar unverdoppelt, auf der Basis des Verbs **demek** *sagen* auf. Hierbei sind zwei grundlegende Dinge vorauszuschicken: zum einen bevorzugt das Türkische die Wiedergabe direkter Reden, zum anderen hat auf eine solche direkte Rede immer eine Form des Verbs **demek** *sagen* zu folgen:

Hasan ne dedi?	Was hat Hasan gesagt?
Gidiyorum **dedi**.	Er hat gesagt: „ich gehe".
Gidiyorum **deyip** gitti.	Er hat gesagt: „ich gehe", und ist gegangen.
Gidiyorum **diyerek** kalktı.	Er ist aufgestanden, indem er sagte: „ich gehe".
Gidiyorum **dedikten** sonra kalkıp gitti.	Nachdem er gesagt hatte: „ich gehe", ist er aufgestanden und gegangen.
Gidiyorum **deyince** çok üzüldüm.	Ich war sehr traurig, als er sagte: „ich gehe".
Allaha ısmarladık **demeden** gitti.	Er ist gegangen, ohne auf Wiedersehen zu sagen.

Soll auf das Zitat ein anderes Verb folgen, wird gewissermaßen als Verbindung die Form **diye** eingeschoben. Zitatzeichen, die den Überblick erleichtern, werden in den Texten meist nicht gesetzt. Die Form **diye** ist der einzige Hinweis darauf, dass an dieser Stelle ein Zitat endet; der Beginn des Zitats muss aus dem Kontext erschlossen werden:

Hasan'a gidiyor musun **diye** sordum;	Ich habe Hasan gefragt (indem ich gesagt habe): „gehst du?" = ich habe Hasan gefragt, **ob** er geht;
o da gidiyorum **diye** cevap verdi.	und er hat geantwortet (indem er gesagt hat): „ich gehe" = und er hat geantwortet, **dass** er geht.
Şimdi ben de gideyim mi **diye** düşünüyorum.	Jetzt überlege ich (indem ich sage): „soll ich auch gehen?" = jetzt überlege ich, **ob** ich auch gehen soll.

Enthält das Zitat die Begründung für die anschließende Handlung, handelt es sich um einen Kausalsatz:

Kızım hasta **diye** evde kaldım.	Ich bin zu Hause geblieben, indem ich (mir) sagte: „meine Tochter ist krank" = ich bin zu Hause geblieben, **weil** meine Tochter krank ist.

Ist im Zitat eine Aufforderung enthalten, handelt es sich um einen Finalsatz. Die Aufforderung wird bei den 3. Personen durch den Imperativ der 3. Person, bei den 1. und 2. Personen durch den Optativ ausgedrückt. Es ist dies einer der seltenen Fälle, in denen der Optativ der 2. Personen Verwendung findet (vgl. S. 60):

Üşütmeyeyim **diye** kalın giyindim.	Ich habe mich warm (wörtl.: dick) angezogen, indem ich (mir) sagte: „ich möchte mich nicht erkälten" = ich habe mich warm angezogen, **damit** ich mich nicht erkälte.
Beklemeyesiniz **diye** acele ettim.	Ich habe mich beeilt, indem ich (mir) sagte: „ihr möget nicht warten" = ich habe mich beeilt, **damit** ihr nicht wartet/nicht warten müsst.
Çocuklar korkmasınlar **diye** evde kaldım.	Ich bin zu Hause geblieben, indem ich (mir) sagte: „die Kinder sollen sich nicht fürchten" = ich bin zu Hause geblieben, **damit** die Kinder sich nicht fürchten.

Hieraus resultiert ein weiteres Fragewort nach der Ursache für eine Handlung: **ne diye** *warum, weshalb*:

Ne diye evde kaldın?	Weshalb bist du zu Hause geblieben?

10. Das Konverb auf -ken

Dieses Konverb dient der Wiedergabe von Temporal- und Adversativsätzen, die im Deutschen mit *während, als* beginnen. Haupt- und Nebenhandlung verlaufen gleichberechtigt und unabhängig voneinander parallel.

Auf der Basis des **defekten Verbstamms i-** bildet es die Form **iken**, die ihren Vokal **e** auch als Suffix beibehält. Die Betonung liegt auf **ikén**:

Türkiye'deyken Türkçe öğrendim.	Während/als ich in der Türkei war, habe ich Türkisch gelernt.

Ist das Subjekt der Nebenhandlung ein anderes als das der Haupthandlung, wird es zusätzlich an den Satzanfang gestellt:

Sen Fransa'dayken Türkçe öğrendim.	Während/als du in Frankreich warst, habe ich Türkisch gelernt.

Auch ist es möglich, die Konverbform zu verneinen:

Sen evde değilken televizyon seyrettik.	Während/als du nicht zu Hause warst, haben wir ferngesehen.

Zur Bildung der Formen von **var** und **yok** wird jeweils iken angefügt:

Büfede çay varken kahve yok.	Während es am Büfett Tee gibt, ist kein Kaffee da.
Evde kimse yokken postacı geldi.	Der Briefträger ist gekommen, während/als niemand zu Hause war.

Die Formen des **Vollverbs** entstehen durch Anfügung von **iken** an die einfachen Zeiten und Modi; in der heutigen Sprachpraxis gehen jedoch vor allem das 2. Präsens sowie der Lokativ des Infinitivs auf **-mek,** das unbestimmte Perfekt und das Futur diese Verbindung ein:

Kahvaltı ederken haberleri dinledim.	Während ich gefrühstückt habe, habe ich die Nachrichten gehört.
Ben evden çıkmaktayken telefon çaldı.	Als ich gerade dabei war, aus dem Haus zu gehen, hat das Telefon geläutet.

| Ben çoktan kalkmışken kardeşim hala uyuyordu. | Während ich (schon) längst aufgestanden war, schlief mein Bruder immer noch. |
| Ben kahvaltı edecekken kardeşim kahvaltı etmeden evden çıkmak istedi. | Während ich vorhatte zu frühstücken, wollte mein Bruder aus dem Haus gehen, ohne zu frühstücken. |

11. Das Konverb auf -cesine

Diesem Konverb entsprechen deutsche modale Nebensätze mit *als ob*, doch wird das Suffix nicht an den reinen Verbstamm, sondern vorzugsweise an das 2. Präsens (Gleichzeitigkeit), das unbestimmte Perfekt (Vorzeitigkeit) und das Futur des Vollverbs (Nachzeitigkeit), angefügt. Da durch diese Formulierung eine Vermutung ausgedrückt wird, wird das Futur bisweilen noch zusätzlich um **imiş** erweitert:

Ali ağlarcasına görünüyor.	Ali sieht aus, als ob er weinte.
Ali ağlamışçasına görünüyor.	Ali sieht aus, als ob er geweint hätte.
Ali ağlayacak(mış)çasına görünüyor.	Ali sieht aus, als ob er gleich weinen wollte.

In der Umgangssprache wird anstelle des Konverbs auch **gibi** *wie* verwendet:

Ali ağlar gibi görünüyor.	Ali sieht aus wie jemand, der weint.
Ali ağlamış gibi görünüyor.	Ali sieht aus wie jemand, der geweint hat.
Ali ağlayacak(mış) gibi görünüyor.	Ali sieht aus wie jemand, der weinen wird.

XI. Wortbildung

Das Türkische besitzt eine große Anzahl von Suffixen zur Bildung von Substantiven, Adjektiven und Verbstämmen auf der Basis bereits existierender Substantive, Adjektive und Verbstämme.

1. Substantive auf **-hane**

Das Suffix **-hane** ist ursprünglich ein selbständiges persisches Wort für *Haus, Herberge.* Im heutigen Türkisch dient es vor allem als Suffix zur Bezeichnung bestimmter Gebäulichkeiten:

çay	Tee	çayhane	Teehaus
tamir	Reparatur	tamirhane	Werkstatt

2. Substantive auf **-daş**

Dieses Suffix unterliegt nicht der Vokalharmonie, d.h. es behält seinen Vokal **a** bei. An Substantive angefügt bezeichnet es eine Person, die mit einer anderen Person die betreffende Sache gemeinsam hat:

vatan	Vaterland	vatandaş	Landsmann
okul	Schule	okuldaş	Schulkamerad

3. Substantive auf **-ci**

Das Suffix **-ci** wird an Substantive angefügt; das so entstehende Wort bezeichnet eine Person, die sich berufs- oder gewohnheitsmäßig, aber auch weltanschaulich oder politisch mit dem durch das Substantiv bezeichneten Begriff beschäftigt:

iş	Arbeit	işçi	Arbeiter
çevre	Umgebung, Umwelt	çevreci	Umweltschützer

4. Substantive auf -cik

Das Suffix **-cik** wird an Substantive angefügt und bildet Diminutive:

kedi	Katze	kedicik	Kätzchen
Ayşe	Aysche	Ayşecik	kleine Aysche

5. Substantive auf -lik

Mit Hilfe des Suffixes **-lik** werden in erster Linie Abstrakta gebildet, die im Deutschen mehrheitlich auf *-heit*, *-keit*, *-schaft* oder *-tum* enden. Solche Bildungen sind auch dann möglich, wenn das Adjektiv selbst bereits mittels Suffix entstanden ist:

güzel	schön	güzellik	Schönheit
hasta	krank	hastalık	Krankheit
işsiz	arbeitslos	işsizlik	Arbeitslosigkeit

Durch Anhängung an Berufsbezeichnungen werden die Ausübung des betreffenden Berufs wie auch die zugehörige Dienststelle bezeichnet:

öğretmen	Lehrer	öğretmenlik	Lehrertätigkeit
müdür	Direktor	müdürlük	Direktion

Des Weiteren entstehen durch dieses Suffix die Bezeichnungen für Gegenstände des täglichen Gebrauchs:

göz	Auge	gözlük	Brille
tuz	Salz	tuzluk	Salzstreuer

Schließlich bildet es Adjektive, die in stärkerem Maße als diejenigen auf **-li** die Zugehörigkeit zu dem jeweiligen Begriff ausdrücken:

yarım litrelik şişe	Halbliterflasche
iki saatlık bir yol	ein zweistündiger Weg
dokuz aylık bir çocuk	ein neun Monate altes Kind

6. Adjektive auf -li

Mit Hilfe des Suffixes **-li** werden aus Substantiven die dazugehörigen Adjektive gebildet:

şeker	Zucker	şekerli	gezuckert
tuz	Salz	tuzlu	salzig

Fügt man das Suffix an Ortsnamen, bringt man die Abstammung von bzw. die Verbundenheit mit diesem Ort zum Ausdruck:

Berlin'li	Berliner	Ankara'lı	Ankaraner

Durch Anfügung an den jeweiligen Ländernamen ist auch eine Reihe von Nationalitätsbegriffen entstanden:

Suriye	Syrien	Suriye'li	syrisch, Syrer
Ürdün	Jordanien	Ürdün'lü	jordanisch, Jordanier
Mısır	Ägypten	Mısır'lı	ägyptisch, Ägypter
Tunus	Tunesien	Tunus'lu	tunesisch, Tunesier

7. Adjektive auf -sel

Mit Hilfe des Suffixes **-sel** werden aus Substantiven Adjektive gebildet, die vor allem im gehobenen Türkisch Verwendung finden:

bilim	Wissenschaft	bilimsel	wissenschaftlich
toplum	Gesellschaft	toplumsal	gesellschaftlich

8. Adjektive auf -siz

Das Suffix **-siz** bildet aus Substantiven Adjektive; es entspricht sowohl der deutschen Präposition *ohne* wie auch der Anfangssilbe *un-* und der Endung *-los*:

şeker	Zucker	şekersiz	ungezuckert
tuz	Salz	tuzsuz	salzlos

9. Substantive und Adjektive auf -ki

Das Suffix **-ki** unterliegt nicht der Vokalharmonie, d.h. es behält seinen Vokal **i** bei. An den Genitiv angefügt entstehen substantivierte Possessive:

Erol'un saati yeni, Ali'ninki eski.	Erols Uhr ist neu, Alis ist alt.
Erol'un saati yeni, benimki eski.	Erols Uhr ist neu, meine ist alt.

Bei der Deklination erhalten sie das sog. **pronominale n**:

Senin saatin bozuk, benimki**ni** al!	Deine Uhr ist kaputt, nimm meine!

Fügt man **-ki** an den Lokativ, entstehen Adjektive, die das Vorhandensein an einem Ort zum Ausdruck bringen und attributiv vor das dazugehörige Substantiv gestellt werden:

Bu lokantadaki yemek iyi.	Das Essen in diesem Lokal ist gut.

Schließlich tritt **-ki** an einige Adverbien unmittelbar an und bildet aus ihnen Adjektive. Dabei fügt es sich in zwei Fällen in die Vokalharmonie ein:

dünk**ü**	gestrig	önceki	vorherig
bugünk**ü**	heutig	sonraki	nachherig
yarınki	morgig	beriki	diesseitig, der eine
şimdiki	jetzig, derzeitig	öteki	jenseitig, der andere

10. Adjektive und Adverbien auf -ce

Durch Anfügung von **-ce** an Nationalitätsbegriffe werden die dazugehörigen Sprachbezeichnungen gebildet:

Türk	Türke, Türkin	Türkçe	auf Türkisch
Alman	Deutscher, Deutsche	Almanca	auf Deutsch

Daneben gibt es Adjektiven eine etwas eingeschränkte Bedeutung:

yavaş	langsam	yavaşça	ziemlich langsam
yeşil	grün	yeşilce	grünlich

An Substantive und Pronomina angefügt entstehen Bezeichnungen mit der
Bedeutung ... *nach Art von,* ... *nach Ansicht von,* ... *vonseiten*:

insan	Mensch	insanca	menschlich
yüz	hundert	yüzlerce	zu Hunderten
ben	ich	bence	meiner Ansicht nach
hükümet	Regierung	hükümetçe	seitens der Regierung

11. Substantive auf **-(y)iş**

Durch Anfügung von **-(y)iş** an Verbstämme werden die dazugehörigen Substantive gebildet:

girmek	hineingehen	giriş	Eingang, Eintritt
çıkmak	hinausgehen	çıkış	Ausgang
kalkmak	abfahren	kalkış	Abfahrt
varmak	ankommen	varış	Ankunft

12. Verbstämme auf **-le**

Umgekehrt entstehen durch Anfügen des Suffixes **-le** an Substantive und
Adjektive Verbstämme:

temiz	sauber	temizlemek	säubern
selam	Gruß	selamlamak	grüßen

13. Reflexive Verbstämme

Die in den folgenden Abschnitten behandelten reflexiven, reziproken, kau-
sativen und passiven Verbstämme entstehen mit Hilfe von Suffixen, die
direkt auf den Stamm eines Verbs folgen und damit seine Bedeutung unmittelbar beeinflussen.

Das Suffix zur Bildung reflexiv erweiterter Verbstämme lautet **-(i)n**:

giymek	anziehen	giy**in**mek	sich anziehen
yıkamak	waschen	yıka**n**mak	sich waschen

Daneben gibt es eigenständige Verben mit der reflexiven Form von **-le**:

ilgi	Interesse	ilgilenmek	sich interessieren
nişan	Zeichen, Verlobung	nişanlanmak	sich verloben
ev	Hausstand	evlenmek	sich verheiraten

Auch gibt es reflexive Verbformen mit z.T. übertragener Bedeutung:

dinlemek	zuhören	dinlenmek	sich erholen
düşmek	fallen	düşünmek	(nach)denken
sevmek	lieben	sevinmek	sich freuen

Da sich zudem nicht von allen Verben reflexive Formen bilden lassen, wird im Zweifelsfall das Reflexivpronomen **kendi** (vgl. S. 21) verwendet.

14. Reziproke Verbstämme

Das Suffix zur Bildung reziprok erweiterer Verbstämme lautet **-(i)ş**:

bulmak	finden	buluşmak	sich treffen
anlamak	verstehen	anlaşmak	sich verständigen

Daneben gibt es eigenständige Verben mit der reziproken Form von **-le**:

söz	Wort	sözleşmek	sich verabreden
veda	Abschied	vedalaşmak	sich verabschieden
mektup	Brief	mektuplaşmak	Briefe wechseln

Auch gibt es reziproke Verbformen mit z.T. übertragener Bedeutung:

çalmak	läuten, (Instr.) spielen	çalışmak	arbeiten
görmek	sehen	görüşmek	miteinander sprechen
konmak	sich niederlassen	konuşmak	sprechen

Da sich zudem nicht von allen Verben reziproke Formen bilden lassen, wird im Zweifelsfall das reziproke Pronomen **birbir** (vgl. S. 23) verwendet.

15. Kausative Verbstämme

Das Kausativsuffix **-dir** folgt auf alle **einsilbigen** Verbstämme sowie auf diejenigen konsonantisch auslautenden mehrsilbigen Verbstämme, die **nicht** auf **-l** oder **-r** enden:

sönmek	verlöschen (intr.)	sön**dür**mek	auslöschen (trans.)
yemek	essen	ye**dir**mek	zu essen geben
uyanmak	aufwachen	uyan**dır**mak	wecken

Demgegenüber folgt das Kausativsuffix **-t** auf **mehrsilbige** Verbstämme, die auf **Vokal** oder die Konsonanten **-l** oder **-r enden**:

beklemek	warten	beklet**mek**	warten lassen
azalmak	weniger werden	azalt**mak**	vermindern
çağırmak	rufen	çağırt**mak**	rufen lassen

Bei einer Gruppe von Verben ist der Anfangskonsonant des Kausativsuffixes entfallen:

bitmek	enden	bit**ir**mek	beenden
düşmek	fallen	düş**ür**mek	fallen lassen
pişmek	kochen (intr.)	piş**ir**mek	kochen (trans.)

Bei einigen weiteren erhält das Suffix darüberhinaus einen Vokal der kleinen Vokalharmonie:

| çıkmak | hinausgehen | çık**ar**mak | herausholen |
| kopmak | reißen | kop**ar**mak | abreißen, pflücken |

Daneben gibt es eine ganze Reihe von weiteren unregelmäßigen Bildungen, so dass es sinnvoll ist, sich die Vokabeln als solche einzuprägen, z.B.:

öğrenmek	lernen	öğretmek	lehren
kalkmak	aufstehen	kaldırmak	aufheben
gelmek	kommen	getirmek	(her)bringen
gitmek	gehen	götürmek	wegbringen

16. Das Passiv

Für die meisten Verben, deren Verbstamm auf einen Konsonanten endet, lautet das Passivsuffix **-il**. Endet der Verbstamm selbst auf **-l**, lautet das Passivsuffix **-in**. Bei vokalisch auslautenden Verbstämmen schließlich ist das Passivsuffix lediglich ein **-n**:

sevmek	lieben	sevilmek	geliebt werden
bilmek	wissen	bilinmek	gewusst werden
beklemek	erwarten	beklenmek	erwartet werden

Die deutsche Präposition *von, vonseiten* wird durch das Substantiv **taraf** *Seite*, ergänzt um Possessiv- und Ablativsuffix, wiedergegeben. Dabei entfällt bei der 3. Person das Genitivsuffix:

Müdür tarafından beklendik.	Wir sind vom Direktor erwartet worden.

Für deutsche Verbformen mit *man* verwendet das Türkische das Passiv in der 3. Person Singular:

Bu nasıl yapılır?	Wie macht man das?

17. Vom spielerischen Umgang mit Suffixen

Der spielerische Umgang des Türkischen mit Suffixen zeigt sich ganz besonders im Rahmen der Wortbildung. Zum einen sind doppelte Kausativbildungen möglich:

bilmek	wissen
bildirmek	wissen lassen, mitteilen
bildirtmek	mitteilen lassen

Zum anderen ist es möglich, reflexiv oder reziprok erweiterte Verbstämme um ein Kausativsuffix zu erweitern und es anschließend noch ins Passiv zu setzen:

sevmek	lieben
sevinmek	sich freuen (intr.)
sevindirmek	erfreuen (trans.)
sevindirilmek	erfreut werden

tanımak	kennen
tanışmak	einander kennen
tanıştırmak	miteinander bekannt machen
tanıştırılmak	miteinander bekannt gemacht werden

Ein solcher Verbstamm kann bereits von einem Substantiv oder Adjektiv abgeleitet sein:

yer	Ort, Platz
yerleşmek	sich niederlassen, ansässig werden
yerleştirmek	ansässig machen
yerleştirilmek	ansässig gemacht werden

sabır	Geduld
sabırsız	ungeduldig
sabırsızlanmak	ungeduldig werden
sabırsızlandırmak	ungeduldig machen
sabırsızlandırılmak	ungeduldig gemacht werden

Von den auf diese Art erweiterten Verbstämmen können nicht nur finite Verbformen und Konverbien gebildet werden:

Yerleştirilebilecek misiniz?	Werdet ihr ansässig gemacht werden können?
Sabırsızlandırılmadıkça bir şey söyleyeceğim.	Solange man mich nicht ungeduldig macht, werde ich nichts sagen.

Es lassen sich von ihnen auch Verbalnomina bilden, die dann noch zusätzlich die Suffixe eines Substantivs erhalten können:

Yerleştirilemediğinizi duydum.	Ich habe gehört, dass ihr nicht habt ansässig gemacht werden können.

XII. Wortfolge

In Sätzen mit **var** und **yok** wird berichtet, dass etwas vorhanden bzw. nicht vorhanden ist. Entsprechend werden vor der Nennung des Subjekts der zeitliche und räumliche Rahmen angegeben. Das Prädikat steht im Türkischen am Satzende:

Yarın akşam saat sekizde televizyonda güzel bir film var.	Morgen Abend gibt es um acht Uhr im Fernsehen einen schönen Film.

In allen übrigen Sätzen steht das Subjekt des Satzes, sofern es sich um eine 3. Person handelt, am Satzanfang. Erst danach folgen Zeitangabe, Postpositionalobjekt, Dativobjekt, Akkusativobjekt und Prädikat:

Arkadaşım dün parasıyla kızına bir hediye aldı.	Mein Freund hat gestern von/mit seinem Geld seiner Tochter ein Geschenk gekauft.

Attribute stehten immer vor dem dazugehörigen Substantiv und bleiben undekliniert:

Yeni **arkadaşım**	**Mein** neuer **Freund hat**
dün	**gestern**
son **parasıyla**	**von seinem** letztes **Geld**
küçük **kızına**	**seiner** kleinen **Tochter**
güzel **bir hediye**	**ein** schönes **Geschenk**
aldı.	**gekauft**.

Ein wesentliches Charakteristikum des Türkischen ist die Tatsache, dass es – abgesehen von Konditionalsätzen – keine Nebensätze bildet. Zum einen verwendet es Verbalnomina, die attributiv vor ein Substantiv gestellt werden können (vgl. S. 76 und 78):

Ankara'da oturan **arkadaşım**	**Mein Freund**, der in Ankara wohnt, **hat**
dün	**gestern**
ilk kazandığı **parayla**	**von dem** ersten **Geld**, das er verdient hat,
yarın okula başlayacak olan **kızına**	**seiner Tochter**, die morgen mit der Arzt beginnen wird,
çoktan beri istediği **bir hediye**	**ein Geschenk**, das sie sich seit langem gewünscht hat,
aldı.	**gekauft**.

Zum anderen drückt es Nebenhandlungen auch durch Konverbien aus (vgl. S. 80 ff.):

Ankara'da oturan **arkadaşım**	**Mein Freund**, der in Ankara wohnt, **hat**
İstanbul'a gelince	**als er nach Istanbul gekommen ist,**
ilk kazandığı **parayla**	**von dem** ersten **Geld**, das er verdient hat,
yarın okula başlayacak olan **kızına**	**seiner Tochter**, die morgen mit der Arzt beginnen wird,
çoktan beri istediği **bir hediye**	**ein Geschenk**, das sie sich seit langem gewünscht hat,
aldı.	**gekauft**.

Ist das Subjekt des Satzes eine 1. oder 2. Person, ist sie Teil des Prädikats und steht damit am Ende des Satzes:

	Ich habe,
İstanbul'a gelince	**als ich nach Istanbul gekommen bin,**
ilk kazandığım **parayla**	**von dem** ersten **Geld**, das ich verdient habe,
yarın okula başlayacak olan **kızıma**	**meiner Tochter**, die morgen mit der Arzt beginnen wird,
çoktan beri istediği **bir hediye**	**ein Geschenk**, das sie sich seit langem gewünscht hat
aldım.	**gekauft**.

Übersicht über die türkischen Suffixe

1.	Kleine Vokalharmonie
-(y)e	Dativ (S. 9)
-(y)e	Themasuffix Optativ (S. 60)
-(y)e	Konverb (S. 85)
-(y)ecek	Themasuffix Futur (S. 50)
-(y)eli	Konverb (S. 84)
-(y)en	Partizip Präsens (S. 78)
-(y)erek	Konverb (S. 85)
-ce	Sprachbezeichnung (S. 93)
-cesine	Konverb (S. 89)
-de	Lokativ (S. 10)
-den	Ablativ (S. 10)
-er	Themasuffix bejahtes 2. Präsens (S. 52)
-le	Verbbildung (S. 94)
-ler	Plural (S. 8)
-leri	Possessiv 3. Person Plural (S. 13)
-me	Negation beim Vollverb (S. 42)
-me	Verbalnomen (S. 72)
-meden	Konverb (S. 81)
-mek	Infinitivendung (S. 42, 70)
-meksizin	Konverb (S. 81)
-mektense	Konverb (S. 81)
-meli	Themasuffix Nezessitativ (S. 56)
-mez	Themasuffix verneintes 2. Präsens (S. 54)
-se	Themasuffix Konditional (S. 66)
-sel	Adjektivbildung (S. 92)
-(ş)er	Distributivzahlen (S. 28)

2.	große Vokalharmonie
-(i)l	Passiv (S. 97)
-(i)m	Possessiv 1. Person Singular (S. 11)
-(i)miz	Possessiv 1. Person Plural (S. 11)
-(i)n	Possessiv 2. Person Singular (S. 11)
-(i)n	Reflexiv (S. 94)
-(i)n	Passiv (S. 97)
-(i)nci	Ordinalzahlen (S. 27)
-(i)niz	Possessiv 2. Person Plural (S. 11)
-(i)ş	Reziprok (S. 95)
-(n)in	Genitiv (S. 8)
-(s)i	Possessiv 3. Person Singular (S. 13)
-(y)i	Akkusativ (S. 9)
-(y)im	Präsentische Personalendung 1.Person Singular (S. 34)
-(y)in(iz)	Imperativ 2. Person Plural (S. 58)
-(y)ince	Konverb (S. 82)
-(y)ip	Konverb (S. 80)
-(y)iş	Substantivbildung (S. 94)
-(y)iz	Präsentische Personalendung 1.Person Plural (S. 34)
-ci	Berufsbezeichnung (S. 90)
-cik	Diminutiv (S. 91)
-dik	Verbalnomen (S. 74)
-dikçe	Konverb (S. 83)
-dir	Präsentische Personalendung 3.Person Singular (S. 34)
-dir	Kausativ (S. 96)
-ir	Themasuffix bejahtes 2. Präsens (S. 52)
-iyor	Themasuffix 1. Präsens (S. 43)
-ki	Bildung von Nomina (S. 93)
-leri	Possessiv 3. Person Plural (S. 13)
-li	Adjektivbildung (S. 92)
-lik	Substantivbildung (S. 91)
-lim	Personalendung Optativ 1. Person Plural (S. 60)
mi	Fragepartikel (S. 23)
-miş	Themasuffix unbestimmtes Perfekt (S. 48)
-sin	Präsentische Personalendung 2.Person Singular (S. 34)
-sin	Imperativ 3. Person Singular (S. 59)
-siniz	Präsentische Personalendung 2. Person Plural (S. 34)
-siz	Adjektivbildung (S. 92)

3.	„Fuat Paşa çok hasta"
-ce	Sprachbezeichnung (S. 93)
-cesine	Konverb (S. 89)
-ci	Berufsbezeichnung (S. 90)
-cik	Diminutiv (S. 91)
-d	Themasuffix Perfekt (S. 46)
-de	Lokativ (S. 10)
-den	Ablativ (S. 10)
-dik	Verbalnomen (S. 74)
-dikçe	Konverb (S. 83)
-dir	Präsentische Personalendung 3. Person Sigular (S. 34)
-dir	Kausativ (S. 96)

4.	k, p und ç und t werden zu ğ, b, c und d vor
-(i)m	Possessiv 1. Person Singular (S. 11)
-(i)miz	Possessiv 1. Person Plural (S. 11)
-(i)n	Possessiv 2. Person Singular (S. 11)
-(i)nci	Ordinalzahlen (S. 27)
-(i)niz	Possessiv 2. Person Plural (S. 11)
-(n)in	Genitiv (S. 8)
-(s)i	Possessiv 3. Person Singular (S. 13)
-(ş)er	Distributivzahlen (S. 28)
-(y)e	Dativ (S. 9)
-(y)i	Akkusativ (S. 9)
-(y)im	Präsentische Personalendung 1. Person Singular (S. 34)
-(y)iz	Präsentische Personalendung 1. Person Plural (S. 34)

5.	Suffixe ohne Vokal
-d	Themasuffix Perfekt (S. 46)
-m	Negation beim 1. Präsens (S. 43)
-r	Themasuffix bejahtes 2. Präsens (S. 52)
-t	Kausativ (S. 96)

Übersicht über die türkischen Verbformen

Finite Verbformen

	Vollverb	Hilfsverb *sein*	var
1. Präsens	geliyor	-(y)im etc.	var
2. Präsens, bejaht	gelir	olur	olur
2. Präsens, verneint	gelmez	olmaz	olmaz
Futur	gelecek	olacak	olacak
Futur II	gelmiş olacak	olmuş olacak	olmuş olacak
Perfekt	geldi	idi	vardı
unbestimmtes Perfekt	gelmiş	imiş	varmış
Plusquamperfekt	gelmişti	imişti	varmıştı
Nezessitativ	gelmeli	olmalı	olmalı
Imperativ 2. Pers. Sg.	gel	ol	
Imperativ 2. Pers. Pl.	gelin(iz)	olun(uz)	
Imperativ 3. Personen	gelsin	olsun	olsun
Optativ	gele	ola	ola
Possibilitiv	gelebilir	olabilir	olabilir
Impossibilitiv	gelemez	olamaz	olamaz

Konditionale Verbformen

	Vollverb	Hilfsverb *sein*	var
potentialer Konditional	gelse	olsa	olsa
	gelmiş olsa	olmuş olsa	olmuş olsa
	gelecek olsa	olacak olsa	olacak olsa
realer Konditional	geliyorsa	ise	varsa
	gelirse	olursa	olursa
	geldiyse	idiyse	vardıysa
	gelecekse	olacaksa	olacaksa
	gelmiş olursa	olmuş olursa	olmuş olursa
	gelecek olursa	olacak olursa	olacak olursa
irrealer Konditional	gelseydi	olsaydı	olsaydı
	gelmiş olsaydı	olmuş olsaydı	olmuş olsaydı
	gelecek olsaydı	olacak olsaydı	olacak olsaydı

Konverbien und konverbähnliche Bildungen

	Vollverb	Hilfsverb *sein*	var
-cesine	gelircesine	olurcasına	olurcasına
-dikçe	geldikçe	oldukça	oldukça
-dikten sonra	geldikten sonra	olduktan sonra	olduktan sonra
-ken	gelirken	iken	varken
-meden	gelmeden	olmadan	olmadan
-meden önce	gelmeden önce	olmadan önce	olmadan önce
-meksizin	gelmeksizin	olmaksızın	olmaksızın
-mektense	gelmektense	olmaktansa	olmaktansa
-r -mez	gelir gelmez	olur olmaz	olur olmaz
-(y)e -(y)e	gele	ola	ola
-(y)eli	geleli	olalı	olalı
-(y)erek	gelerek	olarak	olarak
-(y)ince	gelince	olunca	olunca
-(y)inceye kadar	gelinceye kadar	oluncaya kadar	oluncaya kadar
-(y)ip	gelip	olup	olup

Infinitive und Partizipien

	Vollverb	Hilfsverb *sein*	var
-mek	gelmek	olmak	olmak
-me	gelmesi	olması	olması
-dik	geldiği	olduğu	olduğu
-(y)ecek	geleceği	olacağı	olacağı
Partizip Präsens	gelen	olan	olan
Partizip Perfekt	gelmiş (olan)	olmuş (olan)	olmuş (olan)
Partizip Futur	gelecek (olan)	olacak (olan)	olacak (olan)

Die deutschen Nebensätze und ihre türkischen Entsprechungen

als (temporal)	-(y)ince (S. 82); -diği zaman (S. 76)
als ob (modal)	-r gibi (S. 89); -cesine (S. 89)
außer zu (modal)	-mekten başka (S. 71)
bevor (temporal)	-meden önce (S. 73)
bis (temporal)	-(y)inceye kadar (S. 82)
dadurch, dass (modal)	-(y)erek (S. 85)
damit, dass (final)	... diye (S. 86), -mesi için (S. 73)
dass-Sätze	-mesi (S. 72); -diği (S. 74)
ehe nicht (temporal)	-meyince (S. 82)
falls (konditional)	-se (S. 66); -diği takdirde (S. 76)
gerade, als (temporal)	-mekte iken (S. 88)
indem (modal)	-(y)erek (S. 85); -(y)e (S. 85)
Infinitiv mit zu	-mek (S. 70)
je ... desto (modal)	-dikçe (S. 83)
kaum, dass (temporal)	-r -mez (S. 55)
nachdem (temporal)	-dikten sonra (S. 75)
ob	... diye (S. 86); -(y)ip -mediği (S. 75)
obwohl (konzessiv)	-mesine rağmen (S. 72); -diği halde (S. 76)
ohne zu (modal)	-meden; -meksizin (S. 81)
Relativsätze	-(y)en (S. 78); -diği attributiv (S. 76)
seitdem (temporal)	-(y)eli (S. 84); -diğinden beri (S. 75)
sobald (temporal)	-(y)ince (S. 82); -r -mez (S. 55)
solange (temporal)	-dikçe (S. 83)
sooft (temporal)	-dikçe (S. 83)
soweit (modal)	-dikçe (S. 83)
sowie (temporal)	-(y)ince (S. 82)
statt dass, statt zu	-(y)eceğine (S. 77); -mektense (S. 81)
um zu (final)	-mek için (S. 71)
während (temporal)	-ken (S. 88)
weil (kausal)	... diye (S. 87); -diği için, -diğinden (S. 74)
wenn (temporal, konditional)	-(y)ince (S. 82) ; -se (S. 66) ; -ken (S. 88)
wie (modal)	-diği gibi (S. 74)
wobei (modal)	-(y)erek (S. 85); -(y)e (S. 85)

Klassifizierung der einsilbigen Verbstämme auf **-l** und **-r**

Vokal des Verb-stamms	Themasuffix 2. Präsens **-ir**		Themasuffix 2. Präsens **-er**	
	Stämme auf **-l**	Stämme auf **-r**	Stämme auf **-l**	Stämme **auf -r**
a	almak kalmak	varmak	çalmak dalmak salmak	sarmak yarmak
e	gelmek	vermek	delmek	ermek germek sermek
ı			kılmak	kırmak
i	bilmek		silmek	girmek
o	olmak		dolmak solmak yolmak	sormak yormak
ö	ölmek	görmek	bölmek	örmek
u	bulmak	durmak vurmak		kurmak
ü			gülmek	sürmek

Substantive, die bei Anschluss eines vokalisch anlautenden Suffixes den Vokal ihrer zweiten Silbe verlieren

ağız (-ğzı)	fasıl (-slı)	kayıp (-ybı)	resim (-smi)
akıl (-klı)	fetih (-thi)	keyif (-yfi)	şehir (-hri)
alın (-lnı)	fikir (-kri)	kısım (-smı)	şekil (-kli)
asır (-srı)	göğüs (-ğsü)	metin (-tni)	şükür (-krü)
boyun (-ynu)	gönül (-nlü)	nehir (-hri)	vakit (-kti)
burun (-rnu)	isim (-smi)	oğul (-ğlu)	
emir (-mri)	karın (-rnı)	ömür (-mrü)	

Nomina auf **ç**, **k**, **p** und **t**, deren Endkonsonant bei Anschluss eines vokalisch anlautenden Suffixes zu **c**, **ğ**, **b** bzw. **d** wird

ağaç (-cı)	güç (-cü)	inanç (-cı)	sarnıç (-cı)
borç (-cu)	ihraç (-cı)	kazanç (-cı)	sevinç (-ci)
demeç (-ci)	ihtiyaç (-cı)	oruç (-cu)	
genç (-ci)	ilaç (-cı)	ödünç (-cü)	

ayak (-ğı)	ekmek (-ği)	kaşık (-ğı)	renk (-ği)
balık (-ğı)	erkek (-ği)	kayak (-ğı)	seramik (-ği)
bardak (-ğı)	eşek (-ği)	kayık (-ğı)	sokak (-ğı)
bebek (-ği)	etek (-ği)	koltuk (-ğu)	tabak (-ğı)
bıçak (-ğı)	gerek (-ği)	konuk (-ğu)	teleferik (-ği)
bilezik (-ği)	gök (-ğü)	köpek (-ği)	trafik (-ği)
börek (-ği)	gömlek (-ği)	kulak (-ğı)	tüfek (-ği)
bulaşık (-ğı)	ıspanak (-ğı)	küçük (-ğü)	uçak (-ğı)
büyük (-ğü)	ışık (-ğı)	mercimek (-ği)	yaprak (-ğı)
çeyrek (-ği)	inek (-ği)	meslek (-ği)	yastık (-ğı)
çiçek (-ği)	istatistik (-ği)	mutfak (-ğı)	yatak (-ğı)
çocuk (-ğu)	istek (-ği)	müzik (-ği)	yelek (-ği)
çok (-ğu)	kabak (-ğı)	ocak (-ğı)	yemek (-ği)
dilek (-ği)	kalpak (-ğı)	parmak (-ğı)	yüzük (-ğü)
durak (-ğı)	kapak (-ğı)	piknik (-ği)	

Substantive auf **-lik**, der Infinitiv auf **-mek**,
die Verbalnomina auf **-dik** und **-(y)ecek**

Arap (-bı)	dolap (-bı)	kasap (-bı)	sahip (-bi)
cep (-bi)	grip (-bi)	kayıp (-bı)	sebep (-bi)
cevap (-bı)	harp (-bi)	kebap (-bı)	şarap (-bı)
çorap (-bı)	hesap (-bı)	kitap (-bı)	
dip (-bi)	kalp (-bi)	mektup (-bu)	

art (-dı)	geçit (-di)	maksat (-dı)	yoğurt (-du)
cilt (-di)	kağıt (-dı)	simit (-di)	yurt (-du)
damat (-dı)	kanat (-dı)	tat (-dı)	
dert (-di)	kayıt (-dı)	tehdit (-di)	
dört (-dü)	kilit (-di)	ümit (-di)	

Alphabetisches Vokabelverzeichnis

acele	Eile	aşağıda	unten
acele etmek	sich beeilen	aşağıdan	von unten
acıkmak	hungrig werden	aşağıya	herunter, hinunter
açmak	öffnen	asistan	Assistent
adam	Mensch, Mann	ay	Mond, Monat
ağaç	Baum	ayak	Fuß
ağız	Mund	azalmak	weniger werden
ağlamak	weinen	azaltmak	vermindern
ağrı	Schmerz	baba	Vater
Ağustos	August	badanalamak	tünchen
aile	Familie	bahçe	Garten
ait (Dat.)	zugehörig	bakmak	schauen
akıl	Verstand	balık	Fisch
akşam	Abend	bardak	(Trink)glas
alın	Stirne	başbakan	Ministerpräsident
alışmak	sich gewöhnen	başka (Abl.)	andere(r), außer
almak	nehmen, kaufen, bekommen	başlamak	beginnen
		bebek	Säugling, Puppe
Alman	deutsch	beklemek	warten
Almanca	deutsch (Sprache)	bekletmek	warten lassen
Almanya	Deutschland	belki	vielleicht
alt	Unterseite, unter	ben	ich
altı	sechs	benzemek	ähneln
altmış	sechzig	beraber	gemeinsam
anlamak	verstehen	beri (Abl.)	seit
anlaşmak	sich verständigen	beriki	diesseitig
anne	Mutter	beş	fünf
ara	Zwischenraum, zwischen	bıçak	Messer
		bıkmak	überdrüssig sein
araba	Wagen, Auto	bildirmek	mitteilen
arada sırada	ab und zu	bildirtmek	mitteilen lassen
aramak	suchen, anrufen	bilezik	Armband
Arap	arabisch	bilim	Wissenschaft
arka	Rücken, hinter	bilimsel	wissenschaftlich
arkadaş	Freund, Kollege	bilmek	wissen, können
asır	Jahrhundert	bin	tausend

bir	eins	çağırmak	rufen
bir şey	etwas	çağırtmak	rufen lassen
bir yerde	irgendwo	çalışkan	fleißig
bir yerden	irgendwoher	çalışmak	arbeiten, sich be-
bir yere	irgendwohin		mühen
bir zaman	einmal	çalmak	läuten, spielen
birbir	einander	çay	Tee
bisiklet	Fahrrad	çayhane	Teehaus
bitirmek	beenden	çekinmek	sich genieren
bitmek	enden	çekmek	ziehen
biz	wir	çevre	Umgebung
borç	(Geld)schuld	çevreci	Umweltschützer
boşuna	vergeblich	çeyrek	Viertel
boyun	Hals	çıkarmak	herausholen
bozuk	kaputt	çıkış	Ausgang
bölmek	einteilen	çıkmak	hinausgehen
börek	Teigtasche	çiçek	Blume
böyle	so	çocuk	Kind
bu	dieser, diese	çok	viel, sehr
bu gibi	solch, derartig	çok defa	oft
bu kadar	so viel, so sehr	çoktan	seit langem
buçuk	... ein halb	çorap	Strumpf
bugün	heute	daha	noch (mehr)
bugünkü	heutig	dair (Dat.)	bezüglich
bulaşık	beschmutzt	dakika	Minute
bulmak	finden	dalmak	(unter)tauchen
buluşmak	sich treffen	damat	Schwiegersohn
burada	hier	defa	Mal
buradan	von hier	değil	nicht
buraya	hierher, hierhin	delmek	durchbohren
burun	Nase	demeç	Rede
buyurmak	gebieten	demek	sagen
büro	Büro	demin	vorhin
büsbütün	vollständig	denemek	probieren
büyük	groß	ders	Lektion, Unter-
cami	Moschee		richt
cep	Tasche	dert	Kummer
cevap	Antwort	devam	Fortsetzung
cilt	Haut	devam etmek	fortfahren
Cuma	Freitag	dış	Äußeres

dışarıda	draußen	ermek	erreichen
dışarıdan	von draußen	eski	alt
dışarıya	heraus, hinaus	eşek	Esel
dikkat	Vorsicht	et	Fleisch
dikkat etmek	aufpassen	etek	Rock, Saum
dilek	Wunsch	etmek	tun
dinlemek	zuhören	ev	Haus
dinlenmek	ausruhen, sich	evet	ja
	erholen	evlenmek	sich verheiraten
dip	Grund, Boden	evvelki gün	vorgestern
doğru	richtig	fasıl	Kapitel
doğru (Dat.)	in Richtung auf	fayda	Nutzen
doksan	neunzig	fetih	Eroberung
doktor	Arzt	fırsat	Gelegenheit
dokuz	neun	fırtına	Unwetter
dolap	Schrank	fikir	Idee
dolayı (Abl.)	infolge	film	Film
dolmak	sich füllen	Fransa	Frankreich
donmak	gefrieren	geçenlerde	kürzlich
doymak	satt werden	geçit	Übergang
dört	vier	geçmek	vorbeigehen
durak	Haltestelle	gelmek	kommen
durmak	stehen (bleiben)	genç	jung
duş	Dusche	gerek	nötig, Bedarf
duş almak	duschen	germek	dehnen
duvar	Wand, Mauer	getirmek	(her)bringen
duymak	vernehmen	gezmek	spazieren
dün	gestern	gibi (Nom.)	wie
dünkü	gestrig	giriş	Eingang, Eintritt
düşmek	fallen	girmek	eintreten
düşünmek	(nach)denken	gitmek	gehen
düşürmek	fallen lassen	giyinmek	sich anziehen
ekmek	Brot	giymek	anziehen
elli	fünfzig	göğüs	Brust
emir	Befehl	gök	Himmel, blau
en	am ...sten	gömlek	Hemd
endişe	Besorgnis	gönül	Zuneigung
enstitü	Institut	göre (Dat.)	gemäß, zufolge
erkek	männlich, Mann	görmek	sehen
erken	früh	görünmek	sich zeigen

görüşmek	sich besprechen	ihtiyaç	Bedürfnis
götürmek	wegtragen	iki	zwei
göz	Auge	ilaç	Medikament
gözlük	Brille	ile (Nom.)	mit
grip	Grippe	ilgi	Interesse
güç	Kraft	ilgilenmek	sich interessieren
gülmek	lachen	ilk	allererste(r)
gün	Tag	inanç	Glaube
güneşli	sonnig	inek	Kuh
gürültü	Lärm, Getöse	insan	Mensch
güzel	schön	ise	hingegen
güzellik	Schönheit	isim	Name
haber	Nachricht	istatistik	Statistik
hal	Zustand	istek	Wunsch
hala	immer noch	istemek	wollen
hangi(si)	welche(r)	istifa etmek	zurücktreten
harp	Krieg	iş	Arbeit, Angele-
hasta	krank		genheit
hastalık	Krankheit	işçi	Arbeiter
hatırlamak	sich erinnern	işsiz	arbeitslos
hava	Luft, Wetter	işsizlik	Arbeitslosigkeit
hazır	bereit	italyanca	italienisch (Spr.)
hediye	Geschenk	itmek	schieben, drücken
hemen	sofort	iyi	gut
her yerde	irgendwo	iyileşmek	besser werden
her yerden	irgendwoher	izin	Urlaub, Erlaubnis
her yere	irgendwohin	kabak	Kürbis
her zaman	jederzeit, immer	kaç	wie viel(e)
hesap	Rechnung	kaça	zu welchem Preis
hoşuna gitmek	gefallen	kaçar	je wie vie(e)
hükümet	Regierung	kaçıncı	wievielte(r)
ıspanak	Spinat	kadar	Ausmaß, Menge
ışık	Licht	kadar (Nom.)	wie
iç	Inneres, innerhalb	kadar (Dat.)	bis
içeride	drinnen	kahvaltı	Frühstück
içeriden	von drinnen	kahvaltı etmek	frühstücken
içeriye	herein, hinein	kaldırmak	aufheben
için (Nom.)	für, wegen	kale	Burg
içmek	trinken	kağıt	Papier
ihraç	Ausfuhr	kalın	dicht, dick

kalkış	Abfahrt	kim	wer
kalkmak	aufstehen, abfah-	kimde	bei wem
	ren	kimden	von wem
kalmak	bleiben	kime	wem, zu wem
kalp	Herz	kimi	wen
kalpak	Fellmütze	kimin	wessen
kanat	Flügel	kimler	wer alles
kapak	Deckel	kimse	jemand
kapı	Tür, Tor	kişi	Person
karar	Beschluss	kitap	Buch
karar vermek	beschließen	kitapçı	Buchhändler
kararmak	dunkel werden	koltuk	Sessel
kardeş	Geschwister, jün-	komşu	Nachbar
	gerer Bruder	konmak	sich niederlassen
karın	Leib	konuk	Gast
karşı	Gegenüber	konuşmak	sprechen
kasap	Metzger	koparmak	abreißen
kaşık	Löffel	kopmak	reißen
kayak	Ski	korkmak	sich fürchten
kayık	Boot	korku	Furcht
kayıp	Verlust	koşmak	laufen, rennen
kayıt	Eintragung	köpek	Hund
kazanç	Verdienst	köy	Dorf
kazanmak	verdienen	kulak	Ohr
kebap	Fleischgericht	kullanmak	verwenden
kedi	Katze	kurmak	errichten
kedicik	Kätzchen	küçük	klein
kendi	selbst	lazım	notwendig
kendisi	er, sie (selbst)	litre	Liter
keşke	wenn doch nur	lokanta	Lokal, Gaststätte
keyif	Wohlbefinden	lütfen	bitte
kılmak	verrichten	maalesef	leider
kırk	vierzig	maksat	Absicht, Zweck
kırmak	zerbrechen	masa	Tisch
kırmızı	rot	mavi	blau
kısım	Teil	mecbur	gezwungen
kız	Mädchen, Toch-	mektup	Brief
	ter	mektuplaşmak	Briefe wechseln
kilit	(Tür)schloss	memnun	zufrieden, erfreut
kilo	Kilo	memnuniyet	Zufriedenheit

memnuniyetle	gerne	okuldaş	Schulkamerad
mercimek	Linse(n)	okumak	lesen, studieren
meslek	Beruf	olarak	als
metin	Text	olmak	werden, sein
metro	Metro	onlar	sie
Mısır	Ägypten	orada	dort
Mısır'lı	ägyptisch	oradan	von dort
mi	(Fragepartikel)	oranla	im Vergleich
misafir	Gast	oraya	dorthin
mutfak	Küche	orta	Mitte, inmitten
müdür	Direktor	oruç	Fasten
müdürlük	Direktion	otuz	dreißig
mühendis	Ingenieur	otobüs	Omnibus
müzik	Musik	oturmak	sitzen, wohnen
nasıl	wie	öbür gün	übermorgen
ne	was	ödünç	Darlehen
ne kadar	wie viel, wie sehr	öğrenci	Schüler, Student
ne zaman	wann	öğrenmek	lernen, erfahren
nece	welche Sprache	öğretmek	lehren
neci	was von Beruf	öğretmen	Lehrer
neden	weshalb	öğretmenlik	Lehrerberuf
nehir	Fluss	ölmek	sterben
neler	was alles	ömür	Lebenszeit
nerede	wo	ön	Vorderseite, vor
nereden	woher	önce (Abl.)	vorher
nereye	wohin	önceki	vorherig
neye	wozu	örmek	flechten, stricken
niçin	warum	öteki	jenseitig
nişan	Zeichen	öyle	so
nişanlanmak	sich verloben	para	Geld
niye	wozu, wofür	park etmek	parken
niyet	Neigung	parmak	Finger
o	er, sie	pencere	Fenster
o	jener, jene	piknik	Picknick
o kadar	so viel, so sehr	pişirmek	kochen (trans.)
o zaman	dann, damals	pişmek	kochen (intr.)
ocak	Herd, Januar	plaj	Strand
oda	Zimmer	planlamak	planen
oğul	Sohn	postane	Postamt
okul	Schule	rağmen (Dat.)	trotz

rahatlanmak	zur Ruhe kommen	sınıf	Klasse
rahatsız	unwohl, unbehaglich	sigara	Zigarette
		sigara içmek	rauchen
reddetmek	ablehnen	silmek	(ab)wischen
renk	Farbe	simit	Sesamkringel
resim	Bild	siz	ihr, Sie
saat	Uhr, Stunde	sokak	Gasse
sabır	Geduld	sol	linke(r)
sabırsız	ungeduldig	sola	nach links
sabırsızlandırmak	ungeduldig machen	solda	links
		soldan	von links
sabırsızlanmak	ungeduldig werden	solmak	bleichen
		son	Ende
sağ	rechte(r), gesund	son	allerletzte(r)
sağa	nach rechts	sonuncu	letzte(r)
sağda	rechts	söndürmek	auslöschen
sağdan	von rechts	sönmek	verlöschen
sahip	Besitzer	sonra (Abl.)	später, nachher
salmak	freilassen	sonraki	nachherig
sanatçı	Künstler	sormak	fragen
sandalye	Stuhl	söylemek	sagen
sarmak	einwickeln	söz	Wort
sarnıç	Zisterne	söz etmek	sprechen von
sebep	Grund, Ursache	sözleşmek	sich verabreden
sekiz	acht	spor	Sport
seksen	achtzig	su	Wasser
selam	Gruß	Suriye	Syrien
selamlamak	grüßen	Suriye'li	syrisch
sen	du	sürmek	steuern, dauern
seramik	Keramik	susamak	durstig werden
sergi	Ausstellung	şarap	Wein
sermek	ausbreiten	şehir	Stadt
sevinç	Freude	şeker	Zucker
sevindirmek	erfreuen	şekerli	zuckrig
sevinmek	sich freuen	şekersiz	ungezuckert
sevmek	lieben	şekil	Form, Gstalt
scyretmek	beobachten	şey	Ding, Sache
sıcak	warm, heiß	şimdi	jetzt, gleich
sık sık	häufig	şimdiki	jetzig
		şişe	Flasche

şöyle	so	uçak	Flugzeug
şu	der da, die da	ummak	hoffen
şurada	da	unutmak	vergessen
şuradan	von da	uyandırmak	wecken
şuraya	dahin	uyanmak	aufwachen
tabak	Teller	uyumak	schlafen
takdir	Fall	uzun	lang
taksi	Taxi	uzun zaman	lange (Zeit)
tamir	Reparatur	üç	drei
tamir etmek	reparieren	ümit	Hoffnung
tamirhane	Werkstatt	ümit etmek	hoffen
tanımak	kennen	Ürdün	Jordanien
tanışmak	einander kennen	Ürdün'lü	jordanisch
tanıştırmak	bekannt machen	üşütmek	sich erkälten
taraf	Seite	üst	Oberseite, auf
tarla	Feld	üzülmek	sich bekümmern
tat	Geschmack	vakit	Zeit
tehdit	Bedrohung	vapur	Dampfer
teleferik	Seilbahn	var	vorhanden
telefon	Telefon	varış	Ankunft
telefon etmek	telefonieren	varmak	gelangen, ankom-
televizyon	Fernsehen		men
temiz	sauber	vatan	Vaterland
temizlemek	säubern	vatandaş	Landsmann
tercih etmek	bevorzugen	vazgeçmek	verzichten
tiyatro	Theater	veda	Abschied
toplum	Gesellschaft	vedalaşmak	sich verabschie-
toplumsal	gesellschaftlich		den
trafik	Verkehr	vermek	geben
Tunus	Tunesien	vurmak	(er)schlagen
Tunus'lu	tunesisch	yakında	in Kürze, bald
turist	Tourist	yan	Seite, neben
tuz	Salz	yapmak	machen
tuzlu	salzig	yaprak	Blatt
tuzluk	Salzstreuer	yardım	Hilfe
tuzsuz	salzlos	yardım etmek	helfen
tüfek	Gewehr	yarım	halb
Türk	türkisch	yarın	morgen
türkçe	türkisch (Spr.)	yarınki	morgig
Türkiye	Türkei	yarmak	spalten, halbieren

yastık	Kissen	yıkılmak	einstürzen
yaşında	im Alter von	yıl	Jahr
yaşlanmak	altern	yirmi	zwanzig
yatak	Bett	yoğurt	Joghurt
yavaş	langsam	yok	nicht vorhanden
yavaşça	ganz langsam	yol	Weg
yazmak	schreiben	yolmak	rupfen
yedi	sieben	yormak	ermüden (trans.)
yedirmek	zu essen geben	yorulmak	müde werden
yelek	Weste	yukarıda	oben
yemek	essen	yukarıdan	von oben
yemek	Essen	yukarıya	herauf, hinauf
yeni	neu	yurt	Heimat
yer	Ort, Platz, Boden	yürümek	marschieren
yerleşmek	sich niederlassen	yüz	hundert
yerleştirmek	ansässig machen	yüzük	Ring
yeşil	grün	zahmet	Mühe
yeşilce	grünlich	zahmet etmek	sich Mühe ma-
yetmiş	siebzig		chen
yıkamak	waschen	zaman	Zeit
yıkanmak	sich waschen	zor	schwierig

Sachregister